APHORISMES

[illegible]NISTRATIFS

PAR

[illegible] REGNA[illegible]T

[illegible] DU CONSEIL D'ÉTAT DE L'EMPIRE,

[illegible] ACADÉMIE DE LYON

[illegible] SAVANTES

[illegible] — du Voyage en Orient,

[illegible] sur Moscou et St-Pétersbourg,

[illegible] Poésies.

PARIS

[illegible]

[illegible] IMPRIMEURS-[illegible]

[illegible] LIBRAIRES [illegible] COUR DE CASSATION

[illegible] Place Dauphine, [illegible]

1858

APHORISMES

ADMINISTRATIFS

APHORISMES
ADMINISTRATIFS

PAR

A. REGNAULT

ANCIEN BIBLIOTHÉCAIRE ET ARCHIVISTE DU CONSEIL D'ÉTAT DE L'EMPIRE,
MEMBRE CORRESPONDANT DE L'ACADÉMIE DE LYON
ET AUTRES SOCIÉTÉS SAVANTES,

Auteur de l'*Histoire du Conseil d'État*, — du *Voyage en Orient*,
Grèce, — *Turquie*, — *Égypte*, — des *Esquisses historiques* sur *Moscou* et *St-Pétersbourg*,
et de divers Recueils de Poésies.

Πολιτικὴ ἡ κυριωτάτη
καὶ μάλιστα ἀρχιτεκτονική.

La science politique est la première
et la base des autres sciences.

ARISTOTE.

PARIS

IMPRIMERIE ET LIBRAIRIE GÉNÉRALE DE JURISPRUDENCE

COSSE ET MARCHAL, IMPRIMEURS-ÉDITEURS

LIBRAIRES DE LA COUR DE CASSATION

Place Dauphine, 27.

1859

PARIS. — IMP. RENOU ET MAULDE, 144, RUE DE RIVOLI.

SUR L'APHORISME

L'aphorisme comme le proverbe, exige trois qualités : la *brièveté*, le *sens* et le *sel*.

Il doit être bref, non pourtant au même degré que le proverbe, qui souvent ne consiste que dans le rapprochement lumineux de deux mots. Il doit être resserré en d'étroites limites, sans être étouffé dans la concision de ses termes. Il lui faut assez d'espace pour qu'il puisse montrer dans tout son jour la vérité qu'il renferme.

Il doit avoir du sens ; mais la vérité qu'il exprime ne doit être ni triviale, ni rebattue ; sans quoi, il périrait faute de substance, et n'offrirait qu'un assemblage vide de paroles inutiles.

Il faut qu'il ait du sel dans l'expression de la pensée, sans affecter néanmoins une fausse originalité. La pointe en doit être acérée, afin qu'elle pénètre sans peine dans l'esprit et s'y grave en traits profonds.

Ces trois conditions, dans notre littérature, ne sont pas seulement difficiles ; elles sont presque impossibles à réunir. En effet, le génie et les formes de la langue française se plient à peine à l'aphorisme, qui convient mieux au laconisme des Latins. Aussi ai-je essayé de le faire passer dans leur langue.

Toutefois l'aphorisme atteindra son but, s'il revêt les caractères d'une vérité générale. Un des mérites d'un bon aphorisme, c'est de ne pas être borné dans son application. Le *bon* comme le *beau est la splendeur du vrai*. Or, le vrai est toujours d'une application universelle. Un bon aphorisme, c'est-à-dire un aphorisme vrai, conviendra nécessairement à d'autres matières qu'aux matières administratives.

Un bon aphorisme ne brille pas seulement sur l'un des points de sa surface ; il brille dans tous les sens, comme un diamant taillé et poli, qui rayonne sur quelque facette qu'on le tourne, et, dans chacune de ses parties, réfléchit la lumière.

Je n'ai point la prétention d'avoir donné à mes aphorismes l'éclat du diamant ; il me suffira de faire jaillir quelque lueur des sujets dont je m'occupe.

Au surplus, les matières effleurées ici par l'auteur ont été traitées à fond par des plumes exercées et très-habiles. Il ne songe pas à faire une récolte d'idées nouvelles après de si bons écrivains, et veut glaner seulement quelques épis oubliés dans le champ des sciences administratives.

Il lui semblera qu'il est suffisamment payé de ses peines, s'il n'a pas à subir la fâcheuse application du proverbe italien : Il n'y a pas de pire voleur qu'un mauvais livre. *Non v'e il peggior ladro d'un cattivo libro*. En effet, si, comme l'a dit Franklin, le temps est l'étoffe dont la vie est faite, un mauvais livre est un voleur d'autant plus à craindre, qu'il ne pourra jamais vous rendre ce qu'il vous aura pris.

INDICATION

De quelques noms et titres modernes latinisés.

Conseil d'État.	Concilium Imperii.
Ministre de l'intérieur.	Rerum domesticarum curator.
Ministre de l'instruction publique.	Publicæ prædagogiæ curator.
Préfet.	Provincialis pæfectus.
Sous-Préfet.	Pæfecti legatus aut vicarius.
Maire.	Urbanus vel municipalis prætor.
Adjoint.	Prætoris legatus aut vicarius.
Commune.	Juridictio certis finibus circumscripta.
Arrondissement.	Præfecturæ sectio. — Vel juridictio.
Canton.	Tribus. — Juridicus conventus.
Assemblée.	Conventus.
Assemblée générale.	Frequens conventus.
Ambassadeur de France.	Legatus gallorum.
Octroi.	Auctorium. — Corruption d'*auctoritas*. — Auctorgare. — Autoriser, d'où les Espagnols auraient fait *Octorgar* et gallice *Octroi*.
Poste.	Veredariorum officium.

Ces périphrases expliquent pourquoi la traduction des noms et des titres est souvent plus longue que le texte français.

APHORISMES ADMINISTRATIFS

RERUM PUBLICARUM ADMINISTRANDARUM

APHORISMI

LE CONSEIL D'ÉTAT.

1. Le Conseil d'État est l'âme de l'administration ; il en fait mouvoir avec énergie tous les ressorts ; il les dirige et les modère.

2. Il est l'organe du souverain et celui des particuliers ; il sert le gouvernement et le surveille; il en est l'appui et le frein, le conseiller et le juge.

3. Le Conseil d'État est le congrès intellectuel de tous les hommes spéciaux dans chacune des sciences qui ont quelque rapport avec l'administration. C'est un phare qui rayonne du centre aux extrémités du pays et ne laisse rien dans l'ombre. Sa lumière pénètre et descend partout, éclairant des hauteurs où elle brille les questions les plus humbles comme les plus élevées.

4. Toute l'action administrative découle du Conseil d'État et remonte à lui. Tous les intérêts l'interrogent, et il a une réponse pour tous les intérêts.

5. Il est étranger aux passions politiques, supérieur aux influences du pouvoir, inaccessible à l'intrigue et à la corruption. L'Etat est son patron, et les particuliers sont ses clients. Il est assez fort

DE CONCILIO IMPERII.

1. Concilium imperii intima quasi mens est et vis publicæ rei administrandæ, cujus vires acerrime movet, dirigit ac temperat.

2. Summæ potestatis organum et civium, administrantium adjutor, idemque vigil observator assistit, tutor repressorque vicissim, consiliarius simul et judex.

3. Virorum cujusque provinciæ ad administrationem pertinentis peritorum quasi conventus patet concilium imperii; quoddam phari genus præ se fert, unde ignis de medio ad extremos Galliæ fines, nihil obscurum relinquens, micat. Hujus enim lumen quocumque penetret ac descendat, quidquid humillimum jacet aut surgit altissimum, desuper illustrat.

4. Tota ex concilio imperii emanat vis administrationis, et illuc remeat; quod unicuique, de quacumque ipsius re agatur, in promptu respondet.

5. Cum a politicis cupiditatibus alienum liberumque sit, summa auctoritate superius, atque artibus et largitionum corruptelæ inaccessum, publicam rem patronum et cives quasi clientes idem

pour demeurer impartial entre le patron et les clients ; il les juge et se juge lui-même. Sa conscience est une garantie suffisante pour l'État, les particuliers et lui-même.

6. Le Conseil d'État est le guide et le soutien des ministres ; ils trouvent dans ce corps d'élite une sûreté de jugement, une élévation de principes qu'ils chercheraient en vain dans les régions inférieures des bureaux.

7. Contrôlés par le Conseil d'État, les ministres, même quand il leur résiste, se soumettent avec déférence à ses arrêts. Quand il les approuve, il donne à leurs actes une sanction et un appui considérables ; quand il les désapprouve, il fortifie leur autorité par son opposition, puisqu'il les empêche de faillir.

8. Le Conseil d'Etat sert efficacement les individus, alors même qu'il repousse leurs prétentions ; car il leur fait connaître la mesure de leurs droits et souvent leurs véritables intérêts. Sans lui l'administration et les particuliers seraient en état de continuelle hostilité ; il s'interpose entre eux,

habet. Tanta illi vis inest, ut inter patronum et cives æquum constet et immotum, eorumque ac sui ipsius conscius idem arbiter, sese et rempublicam pariterque cives satis abunde pigneretur.

6. *Curatores* (1) qui ipsum quid agant consulunt dirigit ac tuetur. Qui quidem in hac virorum electorum societate apud quos doctrina ad experientiam accedit, elatam vim ingenii, afflationes altas generososque spiritus necnon judicia certa inveniunt, quæ necquicquam apud infimas munerum officinas quærerent.

7. Inspicienti concilio atque etiam refraganti, ubi statuerit, volentes parent. Si ipsis suffragetur, sanctione illius ac tuitione eò magis freti valent. Si repugnet, eorum auctoritatem corroborat, quia ipsos peccare non patitur.

8. Prodest civibus imperii concilium, etiamsi quod vindicant, eis negaverit. Illos enim quid ipsis jure et vere expediat, docet. Quo sublato, cives et publicæ rei curatores perpetuo dissi-

(1) Les ministres.

armé de la loi, et comme ses décisions sont empreintes de la plus grande impartialité, il les fait accepter sans hésitation.

9. Chaque section du Conseil d'État forme un conseil spécial, un tribunal particulier au sein du grand tribunal de l'administration. A chacune de ses sections correspond un ministère, réservoir inépuisable qui l'alimente des matières propres à son département.

10. La section initiée aux affaires qui lui viennent de cette source, les examine et les analyse minutieusement ; elle en fait l'objet d'un décret ou d'un simple avis, selon la forme suivant laquelle ces affaires ont été portées au Conseil d'État en assemblée générale.

11. Les services que rend le Conseil d'État, organe souverain de l'administration consultative, sont très-nombreux. Nous les récapitulerons ici brièvement :

1° Il maintient dans le pays par sa prévoyance l'ordre et la sûreté, encourage l'industrie et entretient l'abondance.

2° Dans son affinité avec la capitale, il en sur-

derent. Nam inter utramque partem lege instructum stat æqualiter medium, ita ut quidquid statuerit, libenter acceptum exequantur.

9. Haud secus ac concilio ipsi, sua constat sectionibus juridictio. Ad singulas pertinet quisque rerum curator, quas inexhausto negotiorum suæ provinciæ fonte indesinenter alit et cumulat.

10. Negotio quolibet indè proficiscente sectio instructa in eam accurate inspicit et scrutatur, atque in statutum convertit vel decretum, si concilium quò, frequente conventu, res delata fuerit, hac forma munitam proferendam censet.

11. Si quæque imperii concilium, quoad rebus administrandis præsertim consulit, ministret, collecta summatim repetas :

1° Cives scilicet tutos ac securos in civitate bene composita præstat, dum simul industriam et rerum copiam stimulat atque alit.

2° Ut affine urbi assistit, ædilitatem ipsam

veille la police même, sur laquelle il exerce par ses dispositions réglementaires une action qui, pour être indirecte, n'en est pas moins constante.

3° Il tient en haleine ses deux magistrats, dont l'un est chargé d'alimenter la ville et d'y faire affluer les subsistances, qu'un accident imprévu pourrait tarir dans leur source.

4° Le Conseil d'État est son plus utile auxiliaire, parce que c'est lui qui organise les deux grands arsenaux de l'alimentation publique, la boulangerie et la boucherie.

5° Il aide le second, le chef de l'édilité parisienne, à réprimer la tyrannie mercantile exercée contre le public et à vivifier en même temps le commerce, en s'opposant aux empiètements mutuels des marchands les uns sur les autres ;

6° A exciter, fixer ou comprimer une multitude inerte, paresseuse, mendiante ou vagabonde, impatiente de repos, avide de changements, prête à se passionner et à s'armer de tout ce que la fureur populaire lui présente.

observat, quam ordinando non directe sed constanter incitat.

3° Utrumque illius magistratum exercet ; apud alterum urbis provisorem annonis affatim suppeditandis præpositum, quæ improviso nescio quo casu sisti atque exhauriri possint, plurimum valet.

4° Uberrimum quidem duplicem annonæ fontem, frumentum et carnem, alendum imperii concilium maxime curat.

5° Idem magistrum alterum parisiensi ædilitati præpositum adjuvat, mercatoribus se contra cives vel contra semet ipsos invicem intrudentibus repugnando ;

6° Multitudinem tardam, ignavam, propter vias mendicantem aut vagantem, impatientem quietis, rerum novarum avidam, sui impotentem, et quidquid furor ministrat in arma corripientem stimulando vel compescendo :

7° A surprendre les moteurs de cette tourbe aveugle qu'ils embauchent et dupent avec des paroles trompeuses, et abandonnent en se cachant pendant l'action derrière un rempart de chair humaine.

12. Le Conseil d'État se joint encore à l'édilité pour épier au milieu d'une masse innombrable et compacte une main perfide et dangereuse, une arme meurtrière, une substance pernicieuse, un coup d'œil furtif, une intention criminelle, une *opinion armée*, que dis-je? une pensée homicide.

13. Il multiplie dans les mains de l'édile les éléments de la sécurité générale, ces instruments de l'ordre public, agents nécessaires, dévoués et propres à un emploi que d'autres ne pourraient ni ne voudraient remplir, ou rempliraient mal.

14. Il veut que leur essaim disséminé forme un réseau flexible, invisible et impalpable, un insaisissable Protée, prêt à enlacer les malfaiteurs et à

7° Atque in motoribus cæcæ istius plebis quam subornant vel promissorum illecebris captant et captatam allectamque deserunt, inter agendum, post humanæ carnis propugnaculum latentibus, furtim obrependo.

12. Imperii concilium magis quoque ad ædilitatem ipsam accedit, siquam gladio vel sica in cædem aut veneno armatam manum, siquem furtivum oculum, siquam mentem sceleris consciam, opinionem in armis, imo etiam cogitationem insidiarum ac necis plenam deprehendat.

13. Hunc ædilem omni publicæ securitatis ac tranquillitatis materie et auxilio instruit, furtivos istos civitatis exploratores multiplicando, maxime necessarios quidem, ad munus suum aptissimos, quo fungi alii nequirent aut nollent, vel male fungerentur.

14. Hi, concilio auspice, hinc inde dispersi in quoddam flexibilis, cæci, oculosque fallentis retis genus ita coalescunt et adhærent, ut scelestum

les étreindre dans les fils innombrables des toiles que ces protecteurs du salut public ne cessent de tendre sous leurs pas.

15. Enfin le Conseil, par sa coopération aux lois qui intéressent l'ordre et la sûreté de l'État, et la surveillance qu'il exerce sur le gouvernement, le protége et le sauvegarde.

16. Pour empêcher le coupable de frapper, il va le surprendre et le saisir dans l'ombre où il a conspiré et dressé ses machines déjà prêtes à vomir la mort.

17. En un mot, le Conseil d'État, sans jouer lui-même le rôle de l'édile, le conseille, l'arme, le dirige et lui donne les ailes du télégraphe, ce prodige de nos jours, qui, prompt comme la pensée, prévoyant comme l'intelligence humaine ou plus qu'humaine, doué de la vue perçante du lynx, défie, confond et désarme l'attentat qui menaçait la vie du prince.

18. A ses attributions d'administrateur, le Conseil d'État joint des attributions de juge.

hominem illaqueent nec ipsi attingi possint, innumerisque telarum filis implicatum teneant, quas vigiles illi salutis publicæ satellites diu ac noctu continuo struunt.

15. Denique concilium civitatis regularum est particeps, tranquillitatis assertor rerumque politicarum institutionum custos quas protegit ac tuetur.

16. Scelestum quidem antequam feriat, in ipso locorum recessu ubi insidians machinas ad stragem spargendam paratas molitus erat, occupat atque intercipit.

17. Et quamvis non ædilis ipsius partes agat, illum monet, armat, dirigit ac vividis telegraphiæ alis instruit, quod stupendum quasi hujus ætatis miraculum, mentis vim acerrimam celeritate, humanamque providentiam prudentia sua fere divina æquat, atque omni lyncis acie præditum, scelestum principi ipsi insidiantem, frustratur, fallit et elusum armis nudat ac prorsus destituit.

18. Præterea concilium imperii judicis haud secus atque administratoris partes sustinet.

19. Quand ses règlements froissent les administrés, il en suspend l'exécution, et sa mission réglementaire devient une mission juridique. Il se transforme en un tribunal du contentieux, devant lequel il admet ou rejette les réclamations de ceux mêmes que ses décrets ont atteints.

20. Au tribunal du contentieux administratif, les personnes lésées ont, même en présence d'un pouvoir fiscal, le droit inviolable de doléance et de pétition, subordonné toutefois à l'intérêt général, qui neutralise et absorbe toujours l'intérêt privé.

ADMINISTRATION CONTENTIEUSE.

21. Le Conseil d'État, jugeant au grand jour, contrôle l'administration dont les actes ont donné lieu à des réclamations, ainsi que les décrets mêmes de la puissance exécutive, qu'il a le droit de discuter, de juger, de combattre et d'annuler.

22. Devant l'opposition du Conseil d'État, la puissance exécutive s'arrête et recule, obéissant à ses lumières et à son action; elle révoque ses

19. Cum cives ordinando læserit, ordinare desinit atque ex administratore judex litigiosus factum, cives eosdem, quibus adversatum fuerat coram semetipso sistit, et si quid expostulent, admittit aut repudiat.

20. Quicumque læsus fuerit, coram auctoritate vel ærario publico favente, dolendi ac postulandi jus inviolatum suum vindicat, quatenus publicæ rei, qua privata semper absorbetur, se obnoxium accommodet.

DE LITIGIOSA ADMINISTRATIONE.

21. Concilium imperii, cum litigiosus judex in media luce versatur, ipsius administrationis rationem reddit, de cujus actis expostulandi fuit locus, vimque summæ auctoritatis ac decreta ipsa principis, de quibus illi deliberare, et quæ abolere fas est, in controversiam et litem vocat.

22. Quo judice obsistente, summa auctoritas doctrinæ ac vi concilii imperii obsequens, se ipsam corrigit, stat etiamque retrograditur, ita ut, illo

propres arrêts, et rend sous la dictée même du Conseil un décret contradictoire qui annulle l'acte de son propre mouvement.

ATTRIBUTIONS DU CONTENTIEUX.

23. Les questions du contentieux naissent essentiellement de la collision des intérêts privés avec l'intérêt public.

24. Il y a lieu au contentieux lorsque l'individu et l'administration, divisés d'intérêt, doivent comparaître devant le tribunal dont la nature et l'essence comportent les affaires sur lesquelles il est appelé à statuer dans son impartialité (1).

25. Les cas du contentieux arrivent : 1° quand l'administration, par des mesures d'utilité générale, cette loi inexorable qui exige le sacrifice d'une propriété ou d'une jouissance individuelle, cause un préjudice involontaire aux parties adverses.

---

(1) Voir la notice biographique de M. Allent dans mon *Histoire du Conseil d'État*.

præcipiente, suam ipsius sententiam abroget actaque de *proprio motu* contrariis rescindat.

DE QUIBUS AD LITIGIOSAM CURIAM QUÆSTIO AGITUR.

23. Apud litigiosam curiam de privatis commodis læsis publico obsistentibus potissimum quæritur.

24. Quod quidem accidit, cum civis et administratio de sua invicem re dissidentes, coram eo judice sistere debent, ad quem pertinent lites de quibus illi vacuo ac libero animo pronuntiandum est.

25. Litigiosa est quæstio : 1° cum rerum administratio publicæ utilitati providens, qua lege prævalente, privata quælibet possessio aut caduca res aboletur, adversæ parti plurimum noceat.

26. Il y a lieu ici à une doléance, à une réclamation, au sujet d'intérêts lésés par l'administration.

27. 2° Quand les droits qui sont l'objet de la contestation s'appuient sur des titres authentiques; que la propriété est compromise par l'usurpation gouvernementale, quel que soit l'agent de cette usurpation; que le gouvernement n'est plus considéré comme le gouvernement aux yeux de la justice, mais comme la partie adverse n'ayant pas satisfait à la loi; enfin, quand c'est le principe qui est mis en question et qui doit triompher devant le niveau de la justice.

28. Le débat devient alors vraiment judiciaire. La jurisprudence contentieuse plane dans une sphère élevée, et le Conseil d'Etat brille de tout l'éclat des tribunaux.

CONFLITS.

29. Le contentieux a une prérogative éminente et une mission spéciale : ce sont les décisions des *conflits d'attribution* et *de juridiction*.

26. Hic privatis commodis ab administratione læsis expostulandi locus est.

27. 2° Cum jus læsum certis ratisque testimoniis innititur; cum privata possessio quolibet modo a publica administratione invaditur; cum summa auctoritas coram judice tanquam pars solum adversa, quæ legi repugnaverit, æstimatur, denique cum de re ipsa quæritur, utrum sit æqua et utra pars coram justitia vincere debeat.

28. Cum ita sit, disceptatio prorsus judicialis est, litigiosaque juridictio plurimum valet, et concilium imperii cæteras curias et eloquentiæ judiciariæ vi et splendore æquat.

AD UTRAM ADMINISTRATIONIS CURIAM JUDICIALEMVE DISCEPTANDA CONTROVERSIA PERTINEAT.

29. Imperii concilio, quatenus litigiosus stat judex, hoc suum inest munus suaque dos peculiaris, ut ad utras curias, administrationemne judicialemve auctoritatem controversiæ disceptandæ pertineant.

30. Les conflits participent des deux modes administratif et contentieux, c'est-à-dire que le fond de l'affaire est administratif, mais que la forme pour la juger, ou la procédure, est contentieuse.

31. Les jurisconsultes les rangent toutefois, sous leur double face et dans leur double nature, parmi les affaires contentieuses dont la connaissance est dévolue au Conseil d'État.

32. Le conflit d'attribution et celui de juridiction se divisent en conflit *positif* et en conflit *négatif*.

33. Le conflit est positif quand un tribunal de l'ordre judiciaire, d'une part, et l'administration, de l'autre, se prétendent aptes et compétents pour statuer sur une même affaire entre les mêmes parties.

34. Il est négatif quand un tribunal de la justice déléguée et un corps ou un fonctionnaire de l'ordre administratif se déclarent tous deux incompétents pour en connaître.

30. Quæ quidem ad rerum publicarum administrationem jusque litigiosum spectant. Scilicet re ipsa de administratione agitur, sed modus jus persequendi litigiosam formam præ se fert.

31. Quas tamen duplices causas inter litigiosas de quibus ad concilium quæritur, adscribunt jurisconsulti.

32. In duo dividuntur genera, nempe in illa quæ vim affirmandi, in illa autem quæ vim negandi habent.

33. Controversia vim affirmandi habet, cum judicialis curia, ex una parte, ex altera, administratio, utraque, se aptam ad deliberandum de eadem re profitetur.

34. Contra negandi vim habet cum delegatæ justitiæ curia, auctoritas autem rebus administrandis præposita, vel aliquis ejusdem auctoritatis particeps ad statuendum de hac re imparem se profitetur.

35. Dans le premier cas, chacun des tribunaux compétents prononce : *Hanc juridictionem meam esse* AIO (j'affirme que cette juridiction m'appartient).

36. Dans le second : *Hanc juridictionem meam esse* NEGO (je nie que cette juridiction m'appartienne).

37. Les parties privées sont aussi intéressées dans la contestation revendiquée en même temps par l'autorité judiciaire et par l'autorité administrative.

38. Elles interviennent dans la lutte des deux pouvoirs, et demandent que la compétence d'un tribunal prévale sur l'autre.

39. Ainsi, l'harmonie des pouvoirs, la paix publique et l'équilibre de la justice sont troublés par les prétentions des deux tribunaux qui se disputent la même affaire. Il s'agit de les rétablir et de fixer la compétence incertaine, pour juger ensuite sur le fond avec tout le calme de l'équité et la sérénité impartiale du droit et de la jurisprudence.

35. In priore casu utraque curia ita pronuntiat : Hanc juridictionem meam esse aio.

36. In posteriore : Hanc juridictionem meam esse nego.

37. Privatis quoque partibus haud aliena est quarumque controversia a judiciali curia aque ac administratione sibi judicanda vindicetur.

38. In hanc scilicet controversiam privatæ partes se ingerunt, ut altera curia alteri prævaleat.

39. Itaque, ubi cujuslibet in civitate auctoritatis concordia, publica tranquillitas, justitiæque tenor, utroque tribunali de eadem causa judicanda inter se digladiante, perturbantur, ad ea restituenda utra curia judicatura sit quam primum eligenda, agitur, ut de re ipsa ulterius summa æquitate et libero alterutrius judicis animo, omnique juris ac jurisprudentiæ serenitate pronuntietur.

CONFLITS DE JURIDICTION.

40. Le conflit, littéralement, implique contestation. Par un paradoxe administratif, le conflit signifie conciliation, car il empêche le choc de deux pouvoirs et fait décider auquel appartiennent la connaissance et le jugement d'une affaire.

41. L'ordre judiciaire et l'ordre administratif, chacun du haut de son tribunal, vident les conflits de juridiction et d'attribution.

42. La Cour de cassation règle les juges, quand le conflit s'élève entre les cours et les tribunaux ; le Conseil d'État, les attributions administratives et judiciaires, quand l'autorité administrative revendique le jugement d'une cause.

LE PRÉSIDENT ET LE VICE-PRÉSIDENT DU CONSEIL D'ÉTAT.

43. Le président et le vice-président du Conseil d'État doivent avoir une connaissance générale de l'universalité des affaires administratives. En effet, c'est à eux qu'il appartient d'éclairer chaque question engagée et débattue

DE JURIDICTIONUM CONFLICTU.

40. Conflictus controversiam significat; quadam tamen administrationis exceptione fit ut verbi *conflictus* vis ad conciliationem valeat; quippe quo duarum auctoritatum adversarum collisio impediatur, et dirimatur ad utram spectent et pertineant controversiæ cognitio et judicium.

41. Judicialis ordo et rerum administratio, ex summa sui ipsius cathedra, juridictionum conflictus dirimunt.

42. Suprema curia judices constituit, si inter curias conflictus oriatur; concilium autem imperii administrationis, et judicialis curiæ munera assignat, siquam judicandam sibi causam rerum administratio vindicaverit.

DE CONCILII IMPERII PRÆSIDE ET DE EJUS VICARIO.

43. Ambo universæ rerum administrandarum scientiæ, cunctarumque, qua patet, partium periti sunto. Illorum enim est singulas disputandas quæstiones evolvere ac illustrare, interque disputandum, quo par est, non tam dignitatis auctori-

devant le Conseil. Ils dirigent la discussion, départagent l'assemblée délibérante et déterminent le vote du Conseil, moins par l'influence de leur dignité que par celle de leur savoir et de leur expérience.

DES ATTRIBUTIONS DES MEMBRES DU CONSEIL D'ÉTAT

44. Le *conseiller d'État* rapporte dans les affaires dont il a le plus spécialement l'intelligence, délibère, discute, opine et vote sur toutes celles qui sont déférées au grand Conseil.

45. Le *maître des requêtes* rapporte et discute avec voix délibérative l'affaire dont il est chargé ; il a voix consultative dans toutes les autres.

46. L'*auditeur* écoute tous les rapports des affaires qui passent à la section du Conseil à laquelle il est attaché ; il écoute également le rapport des affaires discutées en assemblée générale ; il a voix consultative seulement dans celles dont il a fait le rapport.

47. Le droit administratif se distingue essentiellement du droit commun civil ou criminel; toutefois, il reste soumis au droit commun, qui

tate, quam doctrina ac experientia, conventum flectere.

QUIBUS MUNERIBUS FUNGI DEBEAT CONCILIUM IMPERII AUT Βουλή.

44. *Consiliarius* de illo negotio, quod ipsius ingenii peculiare est, cognoscit et refert, ac de cæteris quæ ad frequentem conventum deferuntur, deliberat, disserit, opinatur et statuit.

45. *Magister a requestis* de negotio ipsi referendo disputat et deliberat cæterisque consiliatur.

46. *Auditor* audit quidquid negotiorum refertur in sectione sua concilii ubi deliberandi illi facultas suppetit, et in frequente concilio ubi de illo tantum negotio de quo refert, consiliatur.

47. Jus civitatis administrandæ a jure communi, civili et pœnali maxime differt; cui tamen obnoxium est, cum jus commune vicissim rebus

devient même son auxiliaire dans l'exercice de l'autorité administrative en lui prêtant le concours et l'appui des lois pénales.

LA LOI, LE DÉCRET, L'ARRÊT.

48. La loi impose par sa solennité ; elle inspire la crainte et le respect.

49. Le décret commande, ordonne d'un ton impératif.

50. L'arrêt est une décision devant laquelle on s'incline.

DROIT PUBLIC ET ADMINISTRATIF OPPOSÉ AU DROIT CIVIL.

51. C'est un principe reconnu que les lois de droit public et administratif ne sont pas abrogées tacitement par les règles du droit civil. Un ordre de lois ne saurait être, sans confusion, appliqué sur le même objet à un ordre d'une nature différente.

INVIOLABILITÉ DE LA LOI.

52. Le législateur ne doit pas détruire son œu-

publicis administrandis per leges pœnales auxilietur.

DE LEGE, DECRETO, EDICTO.

48. Ea est *legis* majestas, ut omnes illam vereantur.

49. *Decretum* superba quasi voluntate imperat.

50. *Edicto* libenter paretur.

DE PUBLICO ET ADMINISTRATIONIS JURE NON CUM CIVILI PROMISCUE CONFUNDENDO.

51. Inter omnes constat publici juris et administrationis leges civili jure non tacite abrogari. Unum legum genus ab altero abhorret, nec utrumque in eadem re, nisi promiscue, applicari potest.

DE LEGE NON VIOLANDA.

52. Ne legislator opus suum temere novandi

vre par caprice et par le seul plaisir du changement. Il doit réparer l'édifice et non le renverser de fond en comble. Il convient qu'il respecte les institutions de ses prédécesseurs dans ce qu'elles ont d'utile, et s'associe à leurs pensées, quand elles ont eu pour but le bien public.

LE POUVOIR CONSULTATIF ET LE POUVOIR ADMINISTRATIF.

53. Les deux grands ressorts du mécanisme gouvernemental sont le conseil et l'action.

ADMINISTRATION CONSULTATIVE.

54. L'administration consultative se compose de quatre éléments :

1° Le Conseil d'État investi de trois attributions, à savoir, celles :

De rédacteur des projets administratifs ;

De tribunal administratif ;

De tribunal contentieux.

2° Le Conseil général et le Conseil de préfecture pour le département.

3° Le Conseil d'arrondissement pour l'arrondissement.

4° Le Conseil municipal pour la commune.

causa evertat. Leges contra reparet, nunquam funditus diruat. Institutis majorum, dum sint utilia, parcere, et, quidquid antecessores in commune consuluerint, ei se adjungere socium debet legislator.

DE CONSULTRICE AUCTORITATE ET DE AGENTE IMPERIO.

53. Gubernandi et administrandi rempublicam vis duplex, consilium et actio.

DE RERUM ADMINISTRATIONE CONSULTRICE.

54. Rerum administratio consultrix ex quatuor elementis constat :

1° Ex concilio imperii quod tres vices implet :

Scilicet ut legum ferendarum artifex :

Ut administrandarum rerum judex ;

Ut contentiosa curia ;

2° Ex communi concilio atque ex præfecturæ concilio in provincia;

3° Ex juridictionis concilio in ipsa juridictione.

4° Ex municipali concilio in juridictione finibus circumscripta.

55. Les agents de l'ordre administratif se divisent en conseils et en juges, qui constituent :

1° L'administration active ;
2° L'administration consultative ;
3° L'administration contentieuse.

56. L'administration est conservatrice de la loi qui l'a créée. La loi protége à son tour l'administration.

CARACTÈRE DE L'ADMINISTRATION.

57. Si la loi, née de la raison, a été instituée pour inviter et contraindre au bien et détourner du mal, l'administration, fille de la loi, en a le caractère et les attributs. La force et l'empire du commandement lui appartiennent, et la défense de la société lui est confiée. Aussi par sa nature et son institution est-elle la puissance qui assure le salut des citoyens, maintient l'État, et procure à tous la paix, la sécurité et le bonheur.

RÉGULARITÉ DE L'ADMINISTRATION.

58. L'administration, pourvue de rouages qui jouent facilement et fonctionnent avec un pendule

55. Illi qui rebus administrandis præsunt in consilia et judices dividuntur, ex quibus constant :

1° Administratio agens ;

2° Administratio consultrix ;

3° Administratio contentiosa.

56. Rerum publicarum administratio custos est legis ex qua nata est, dum lex ipsa vicissim administrationem tuetur.

DE ADMINISTRATIONIS VI ET NATURA.

57. Ut lex ex ratione orta, quæ ipsa a rerum natura profecta est, ad recte faciendum impellit et a delicto avocat (1), sic et administratio ex lege nata, et ipsa legis veræ atque principis vim habens, ad jubendum ac vetandum est maxime idonea. Quamobrem illa ad *civium salutem civitatisque incolumitatem vitamque* singulorum *quietam* et *beatam* potissimum valet.

DE REPUBLICA UNO TENORE ADMINISTRANDA.

58. Administratio iis organis quæ pensili libramento facile moventur, instructa, si nullo politico

---

1 Cicero de Legibus, Lib. II.

régulateur, si aucune secousse politique ne l'arrête, est comme l'horloge éternelle du gouvernement.

DE L'EXÉCUTION DES LOIS ADMINISTRATIVES.

59. C'est une erreur de croire que les imperfections, s'il y en a, existent non dans les lois administratives elles-mêmes, mais dans leur exécution, comme il est absurde de prétendre qu'une machine est parfaitement bonne, quoique incapable de bien fonctionner. De bonnes lois administratives doivent s'exécuter d'elles-mêmes dans une administration bien réglée. Il ne suffit pas pour constituer une bonne montre, que les pièces en soient excellentes, mais il faut que l'horloger les ait assemblées de telle manière qu'elles marchent régulièrement. Ainsi un législateur habile doit ajuster les ressorts de l'administration de telle sorte que le jeu en soit uniforme et facile.

PREMIER PRINCIPE D'ADMINISTRATION.

60. L'honnêteté est la meilleure police. C'est la règle générale et fondamentale de toutes les opérations financières, commerciales et industrielles; c'est elle seule qui les fait réussir et prospérer. L'honnêteté est la sauvegarde du ministre, de

concussu sistatur, est quasi æternum politiæ horologium.

DE EXEQUENDIS ADMINISTRATIONIS LEGIBUS.

59. Errat qui putat leges, si quid in eis peccet, non ipsas peccare, sed earum executionem ; neque est minus absurdum affirmare machinam quamlibet omnibus numeris esse absolutam, quamvis cesset. Sanæ administrationis leges in bene morata civitate quasi ultro fiunt. Rectum non tantum ex singulis aptis partibus constat horologium, sed ea duntaxat lege, ut totam compagem artifex aptissime moveat. Haud aliter singula administrationis organa ita apposite componet legislator, ut totius operis vis rectissime facillimeque eat atque moveatur.

DE PRINCIPE ADMINISTRATIONIS REGULA.

60. Probitas optima est politia. Ea est princeps omnium rerum quæ in fisco, commercio atque industria geruntur, norma et lex, qua vigente succedunt. Ministros et curatores rerum publicarum et quemque illorum vicarium aut administrandæ

l'administration et de tous leurs agents ; c'est derrière elle seulement qu'ils doivent abriter leur vie et leurs actes.

MISE EN JUGEMENT DES FONCTIONNAIRES PUBLICS.

61. S'il doit y avoir un gouvernement, il doit y avoir des personnes qui gouvernent, et s'il doit y avoir des personnes qui gouvernent, il doit y avoir une loi, une discipline, une pénalité judiciaire, applicable aux gouvernements comme aux gouvernés. De même, s'il faut une administration, il faut des administrateurs, et s'il faut des administrateurs, il faut des règlements, une discipline, une pénalité qui leur soient applicables.

62. Le fonctionnaire en activité ne peut être poursuivi sans autorisation.

Il en est autrement du fonctionnaire qui s'est démis, et qui n'est plus couvert par ses fonctions · il rentre dans l'ordre commun des particuliers cités devant les tribunaux par l'autorité judiciaire.

DROIT ECCLÉSIASTIQUE.

63. L'administration, par le Conseil d'État son organe spécial, se lie au droit ecclésiastique dont

rei participem honestum præstat et servat. Imo probitate sola vita illorum actaque tuenda sunt.

DE ILLIS QUI PUBLICIS MUNERIBUS FUNGUNTUR PERSEQUENDIS.

61. Quemadmodum, ubi gubernanda sit civitas debet esse gubernator ; si gubernator, lex quoque erit quæ judiciariam disciplinam imperet ; sic et, cum sit administratio, erit administrator ; si administrator, sua quoque rei administrandæ jura et pœnalis de administratione disciplina sunto.

62. Fungentes in jus non sine venia vocari possunt;

Functi, sine venia duci possunt ; privatorum subeunt vices qui a curia qualibet judiciali in jus vocantur.

DE ECCLESIASTICO JURE.

63. Administratio, per concilium imperii suum peculiare organum, cum jure ecclesiastico con-

il est en certains points le guide et le régulateur.

Exécutrice du Concordat de l'an x, reflet de celui de 1516, elle rappelle à ses principes et à ses articles organiques, l'ecclésiastique qui s'en écarte, surveille les bulles d'institution canonique des évêques et archevêques, les brefs de circonscriptions de diocèses, et enfin contrôle tout le régime de l'Église en tant qu'il touche à la police de l'État, et les actes qualifiés d'abus, qui porteraient atteinte aux droits des citoyens et à l'organisation municipale.

L'ADMINISTRATION DANS LE GOUVERNEMENT.

64. L'administration ne gouverne pas, mais elle préside au gouvernement ; elle le conseille, et dans toute l'étendue du domaine de la politique, elle prépare les projets de loi et fait exécuter les lois décrétées. Il n'est, en un mot, aucune branche de la chose publique à laquelle l'administration ne porte la main.

65. L'administration, partie intégrante du gouvernement, concourt au jeu régulier et au maintien de la constitution ; c'est elle surtout qui

junctum est, quod in quibusdam rebus refrenat et moderatur.

Quæ quidem pacti illius anno gallicæ reipublicæ decimo promulgati, vulgo dicti *concordat*, quod pactum anni 1516 repræsentat, executrix, ad ejus principia et normas, quemque clerici ordinis ab iis dissidentem revocat, de canonicæ institutionis episcoporum atque archiepiscoporum diplomatibus, circumscriptionum diœcesium decretis cognoscit et in omnem Ecclesiæ agendi rationem, quoad ad civitatem pertinet, et acta quæque vulgo dicta *abus*, inspicit, quæ se in jura civium omniumque municipiorum constitutionem intruderent.

DE ADMINISTRATIONE IN REM POLITICAM SE INGERENTE.

64. Rei politicæ non gubernatrix est administratio, sed gubernandæ præest; gubernatorem suadet, et, qua tota politia patet, leges proferendas parat, et, prolatas, exequendas curat, ita ut nihil in publica re administratio intactum relinquat.

65. Rerum publicarum administratio, politicarum rerum pars maxima, ad civitatem bene componendam, ad salutem et securitatem omnium

conserve la santé et la vigueur du corps politique.

66. L'administration émane de la constitution, mais seulement de la dernière constitution donnée au pays : car, c'est un principe éternellement reconnu, qu'une nouvelle administration fait cesser ou modifie une administration précédente, comme une constitution nouvelle fait cesser une constitution préexistante, comme une nouvelle loi abolit une loi antérieure.

67. La hiérarchie administrative descend du souverain aux ministres, des ministres aux préfets, et par l'intermédiaire des sous-préfets, aux maires qui transmettent et font arriver l'action administrative, par divers canaux, jusqu'aux administrés de chaque commune.

68. Sans une administration habile et régulière, base et principe du gouvernement, rien ne fonctionne, rien ne circule librement dans les organes et les artères de la société. Sans le juste équilibre que conserve l'administration dans toutes les par-

ac singulorum confirmandam, saluberrimumque corporis totius vigendi habitum quam plurimum valet.

66. Rerum administratio ex constitutione tantum proxime elapsa oritur. Etenim inter omnes constat, quemadmodum nova rei politicæ forma pristina, aut novissima lege lex prior aboletur, sic novissima rerum administratione aboleri priorem aut saltem mutari.

67. Rerum administrandarum ordo proficiscitur a summo principe ad rerum publicarum curatores, a rerum curatoribus ad provinciales præfectos, præfectorumque legatos; ac, per hos vicarios, ad urbanos prætores qui mandata per varios canales ad procuratos quosque ac singulos perducta transmittant.

68. Sublata recta et constanti rerum administratione, qua duce et fulciente res publicæ innixæ gubernantur, nec libere nec facile, impeditis vivendi organis, moles se movere potest neque sanguis meat, ac deficiente hoc justo pondere, peri-

ties du corps social, il y a sans cesse péril d'anévrisme au cœur, et de paralysie aux extrémités.

69. Sans la sage direction d'une volonté unique et d'une main ferme et puissante, toutes les branches de l'administration souffrent et périclitent, les finances, la guerre, la marine, les travaux publics, l'agriculture, le commerce, l'instruction publique, les tribunaux, les lois, tout, jusqu'à l'autorité souveraine. Ce sont les membres et l'estomac qui doivent s'unir et s'harmoniser, et en quelque sorte, conspirer pour le bien commun.

DÉSORDRE DU POUVOIR.

70. L'aptitude et la spécialité des fonctionnaires contribuent à l'harmonie et à la marche régulière de l'administration. Mettez un homme hors de sa sphère, placez-en un autre dans l'emploi du premier, un pareil ordre ou plutôt un pareil désordre ne tardera pas à porter ses fruits. Chacun prétendra aux fonctions qui lui seront le plus étrangères ; un individu sollicitera à la fois ou le commandement d'un régiment, ou une place de juge, ou une sous-préfecture. L'administration sera confiée aux mains les plus faibles ou les plus inhabiles. C'est ce qui arrive surtout après les crises

culum est ne totus ad cor refluat sanguis atque extremæ partes exsangues rigescant.

69. Absente unius voluntatis uniusque potentis manus impulsu, singulæ rerum administrandarum partes laborant ac periclitantur, ærarium scilicet, res militares et maritimæ, publica opera, agricultura, commercium, publica educatio, jus, leges, omnia, et ipsa summa auctoritas ; quæ necesse est ut cuncta et singula, tanquam membra et stomachus, concurrant et in publicum bonum simul et una conspirare videantur.

DE POLITIÆ PERTURBATIONE.

70. Ut quisque muneri officioque suo magis idoneus et par est, eo magis coalescit totius auctoritatis firmitas, administratioque cohærens certius progreditur. Contra si cui ex sua statione excedenti impar et novus homo successerit, ex tali rerum perturbatione statim fiet ut idem et militem aut judicem aut præfectum provinciæ se esse profiteatur, penesque imbecillimum imperitissimumque sit auctoritas. Quod quidem accidit, cum, concussa civitate, vetus resurgat imperium, omniaque in controversiam revocet, senioresque famuli in munera quæque, ut in prædam irruentes, ea quibus

révolutionnaires, à la restauration d'une vieille dynastie, quand tout est remis en question et que les hommes du parti vainqueur se précipitent à la curée des emplois, et saisissent, à titre de récompense, tous les pouvoirs qu'ils sont les moins dignes et les moins capables d'exercer.

LE SOUVERAIN.

71. Le chef du gouvernement n'exerce point l'action administrative, mais il ordonne et décrète pour la diriger; il en nomme ou destitue les agents.

Exclusivement investi de la puissance exécutive, il en délègue une partie considérable à ses vicaires dans l'ordre administratif dont il est le premier par degré hiérarchique.

72. Jamais le souverain n'est plus grand ni plus élevé que lorsqu'il descend dans l'intérêt de la justice aux moindres détails de l'administration.

LE GOUVERNEMENT.

73 Le gouvernement veille au-dessus de tous les agents et de tous les organes de l'administra-

exercendis minime pares et digni sint, in præmium arripiant.

DE PRINCIPE.

71. Vir princeps res publicas non administrat, sed iis administrandis per præfectos providet, quos eligit aut abrogat. Qui cum summam leges exequendi potestatem exerceat, maximam ejus partem, in certo rerum administrandarum ordine quem ipse auspicatur, vicariis suis impertit.

72. Princeps nunquam major est et excelsior, quam, cum, justitiæ causa, administrationis in minima descendat.

DE POLITIA.

73. Politia super omnibus administrandi organis vigilans sedet. Ut honorum et præmiorum

tion. Il est le suprême distributeur des biens et des récompenses dont la société dispose envers ceux qui en supportent les charges. Il s'étudie à diriger ces avantages vers leur destination sans qu'ils en soient distraits dans leur cours.

Il est surtout le tuteur du trésor public, étant intéressé plus que personne à ce que cette source vitale et primitive du bien-être général ne s'épuise jamais.

ADMINISTRATION ACTIVE. — LE MINISTRE.

74. Selon la volonté du régulateur suprême qui imprime le mouvement au corps entier de l'État et à ses organes :

Le *ministre*, chef de l'administration active ou centrale, exerce l'action administrative (*vim administrationis*), qui est essentiellement une, ne partant en réalité que de l'impulsion d'un seul.

Il procure l'exécution des lois et des règlements d'administration publique.

Il dirige les affaires de l'État sans autre responsabilité que celle qui s'attache aux actes de l'administration dans le département qui lui est confié, et surtout sans aucune solidarité avec les autres ministres.

summa dispensatrix, erga eos qui onera sustinent et de patria merentur, illa in finem suum non suo cursu divertenda, dirigit.

Ut ærarii diligens est tutrix, quod communis boni vitalis et primævus fons manat, ejus satis interest, ut fons ille perennis nunquam exhauriatur.

DE ADMINISTRATIONE AGENTE — DE RERUM PUBLICARUM ADMINISTRO.

74. Ad nutum supremi rerum moderatoris totum rei politicæ corpus et cuncta organa moventis, rerum publicarum curator agens, negotiisque interioribus administrandis præpositus, vim administrationis in sola unitate innixam reque ipsa ex uno duntaxat proficiscentem, exercet.

Leges et publicæ administrationis acta exequenda procurat.

Publica negotia gerit, nullius acti, nisi ad suam administrationem pertineat, in propria tantum provincia, suimet ipsius, non alterius, curatoris sponsor.

POLICE DE L'ÉTAT.

75. La police d'un État bien réglé est un glaive sans tranchant que l'administration met aux mains de ses agents ; c'est un bouclier pour les citoyens paisibles qu'elle protége. Sa vigilance la rend préventive plutôt que répressive ; elle frappe cependant quand la nécessité l'exige, en vertu du droit que les sociétés, comme les particuliers, ont de se protéger elles-mêmes et de vivre.

POLICE DE SURETÉ.

76. Ici le mal se dérobe aux regards, mais il germe, il croît, il rampe dans l'ombre. Seuls les cent yeux de la police peuvent surprendre le clubiste politique et le saisir dans le bouge obscur où il dresse ses embûches secrètes. Si c'est à l'étranger, notre ambassadeur, notre consul, n'a-t-il pas des agents pour surveiller les nationaux dangereux, et prévenir par le fil électrique, rapide comme la pensée, l'explosion d'un complot?

POLICE RÉPRESSIVE.

77. A l'apparition d'une émeute, la première mesure à prendre est d'ordonner et surtout d'o-

DE CIVITATIS POLITIA.

75. Bene moratæ civitatis politia est tanquam hebes gladius, quo administratio suos vicarios armat; civibus autem pacificis quos tegit, scutum.

Vigilando potius obstat quam coercet : si opus sit tamen, ut imminenti occurrat malo, ad feriendum parata, ferit, cum societatis, haud secus ac civium, se tueri jus sit ac vivere.

DE SECRETA SECURITATIS POLITIA.

76. Hic, malum oculos fugit; sed germinat latens, crescit et grassatur, ubi seditiosum civem furtim insidiantem opprimit et intercipit centenis oculis vigil satelles. Siquis foris malum machinetur excubet legatus Gallorum et nostrates per se aut per vicarios observet, ita ut insidiæ, priusquam erumpant, per nuntii fulmen, mente velocius, detegantur.

DE COERCENTE POLITIA.

77. Simul ac eruperit seditio, primo imperandum est ut conjurati dispergantur; immo vero, re

pérer la dispersion des individus réunis dans un but coupable ou dangereux. En effet, chacun se croit fort quand il se mêle à la foule ; isolé, il sent sa faiblesse et se retire. Permettre l'agglomération de ceux qui veulent participer à un mouvement populaire, c'est en être le complice et en quelque sorte l'organisateur même.

POLICE ALIMENTAIRE.

78. Régulatrice de la circulation à l'intérieur, de l'importation ou de l'exportation des grains, elle en prohibe l'accaparement par la déclaration que les négociants, fermiers et propriétaires sont tenus de faire aux préfets et sous-préfets des quantités de grains qu'ils ont en magasin ; elle a fondé et fixé par les lois de 1832 et 1833, substituées au système prohibitif de 1764 et au régime assujettissant de 1821, la liberté d'*importation* et d'*exportation*, en soumettant les denrées à des droits de douane, gradués par un tarif annexé au tableau mensuel publié par le ministère de l'agriculture et du commerce.

POLICE SANITAIRE.

79. Les précautions confiées officiellement en ce point à la hiérarchie administrative nous sem-

ipsa sunt dispellendi quicumque in scelestum vel periculosum finem coaluerint; etenim unusquisque aliis conjunctus, ope aliena fretus et elatus fidit; contra si solus, infirmior cadit. Siquis igitur istos in seditione populari participare volentes coalescere patitur, hujus ipse conscius est et fere fautor idemque ordinator.

DE ALIMENTARIA POLITIA.

78. Hæc frumenti et annonæ domi meantium vel invectorum aut exportatorum moderatrix, eis usurpandis occurrit, mercatores prædiorum et possessores præfectis et ejus vicariis profiteri cogendo, quantum annonæ in receptaculo reconditum habeant. Illa vi legum quæ priores prohibitionum aut impedimentorum plenas aboleverunt, invectionis et exportationis libertatem condidit conditamque constituit, eis portorii vectigalibus annonas subjiciendo, quæ ex computationis tabula a curatore agriculturæ et commercii quoque mense promulgata, reguntur.

DE URBANÆ SALUBRITATIS POLITIA.

79. Quidquid in hac re a quibusque pro sui gradus conditione cautum est, peccare videtur : simul

blent défectueuses : car, dès le symptôme d'un mal, dit la circulaire ministérielle de 1813, *c'est le maire qui doit en prévenir immédiatement le sous-préfet ou le préfet*. Que le médecin des épidémies soit prêt et accoure, et il ne manquera pas de le faire, c'est là le premier principe sanitaire, et ici la loi peut laisser agir le sentiment de charité naturel à l'homme.

POLICE URBAINE DES RUES.

80. La police d'une ville doit veiller sur la sécurité de ses habitants, mais il faut que les habitants se prêtent de bonne grâce aux mesures que l'administration municipale a trouvé convenable d'adopter.

Il est, par exemple, du devoir de la police urbaine de protéger la vie des piétons, souvent menacée à Paris par les grands travaux qui couvrent quelquefois tout un quartier de vastes ruines (1).

[1] Londres donne ici une leçon d'ordre et de précaution de la part de la police, et de bon sens ainsi que d'obéissance chez les habitants, aux mesures prises dans leur intérêt. En cas de démolition ou de bâtisse, on pratique sous l'échafaudage même, ou au dehors, un passage avec une rampe qui ménage aux piétons une circulation sûre et facile. Pouvons-nous en cette occasion, sans d'autre intérêt qu'une vue d'amélioration urbaine, de confort et d'embellissement, ajouter ici quelques observations faites dans nos visites réitérées aux grandes capitales?

Si nos magnifiques avenues des boulevards et des Champs-

ac enim eruperit pestis, ut præcipit curator, «prætor urbanus vicarium præfecti et præfectum mali certiores faciat. » Contagiosorum morborum medicus sit paratus et præsto sit. Non deerit ; hoc est salubritatis principium. Hìc, lex homini et humanæ caritati quid faciendum sit relinquat.

DE URBANA ET VIARIA POLITIÂ.

80. Necesse est ut politia urbana civibus invigilet sed; oportet quoque ut cives politiam vigilantem et ipsi volentes adjuvent.

Hujus igitur est officium turbam parisinam per vias meantem tueri, quæ publicorum operum minis pendentibus vastisque ruderibus obnoxia sæpe patet atque indefensa.

Élysées, sans parallèle dans toute l'Europe, étaient pavées de dalles de pierre, dont les carrières abondent assez dans notre belle France, comme cette petite ville de Boulogne-sur-Mer, approvisionnée par les carrières de Marquise d'une sorte de marbre doux et moelleux au pied ; si l'on supprimait l'asphalte, ce pavage indigne de la cité monumentale où l'impérial ingénieur a déjà créé des prodiges, et dont il veut faire une ville de *marbre;* si de nos grandes et splendides chaussées, qui ont remplacé des cloaques, disparaissaient aussi ces chaudières infectes qui barrent les chemins et versent des flots d'un bitume mouvant sous

POLICE DES THÉATRES.

81. Les édifices consacrés aux divertissements publics, théâtres, amphithéâtres et cirques, jouent un rôle important dans une grande ville, et surtout à Paris, où les arts de luxe ont pour aréopage l'élite de la société, et pour tributaires les classes éclairées de l'Europe entière (1).

C'est donc pour la police un devoir impérieux de veiller à la disposition architecturale des théâtres, à leur solidité et principalement à leur salubrité, qui dépend, sur toute chose, d'une quantité suffisante d'air et d'espace (2); enfin, à la sono-

---

le pied en été, humide en hiver, et toute l'année, sujet par son dépérissement continuel à des réparations perpétuelles et nauséabondes; si enfin la foule parisienne, comme celle de Londres, où trois millions d'habitants agglomérés circulent aisément et sans un choc, voulait aussi marcher avec système et dans un même sens en tenant la droite du trottoir, selon le principe proverbial anglais : *The right shoulder against the wall* (l'épaule droite contre le mur); si nos commissionnaires et même nos agents de police ne gênaient plus la circulation; Paris, disons-nous, délivré de toute *nuisance* ou industrie nuisible et incommode, et doté de ces améliorations capitales; Paris, déjà si attrayant qu'on l'aime même avec ses défauts, n'en ayant plus désormais, serait la ville irréprochable du bien-être, de l'élégance et du luxe, et le séjour par excellence des heureux du siècle. *England, with all thy faults I love thee still.* (Byron.)

[1] Sur la construction des théâtres. (Voyez *Vitruve*, livre V, chap. III-VII.) Malgré la différence des théâtres anciens et des théâtres modernes, Vitruve donne, surtout en ce qui touche la salubrité et la sonorité des salles, d'excellents conseils applicables en tous temps.

[2] L'Italie, si arriérée en administration, peut servir ici de modèle

DE THEATRALI POLITIA

81. Publicorum ludorum, theatrorum et circorum ædificia in magna civitate, præsertim in parisina maxime valent, ubi luxus et elegantiæ artibus selecta pars civium judex præest, et tota ex Europa emunctæ naris alienigenæ ad spectacula certatim confluunt.

Politia igitur generaliter theatrorum primo dispositioni, firmitati, salubritati quæ ex aere et spatio constat, deinde sono, pulchritudini, symmetriæ, singulisque styli ac decoris partibus provideat atque invigilet.

à la France, dont les théâtres impériaux même manquent de ventilation et surtout d'espace. Pourquoi les théâtres parisiens ne sont-ils pas d'abord bâtis sur un plus vaste emplacement? Pourquoi, à l'intérieur, les parterres et les orchestres sont-ils aussi étroits et n'ont-ils pas, tout autour et au milieu, un passage, libre comme dans les moindres salles italiennes, et particulièrement dans celles de San Carlo à Naples, de la Scala à Milan, de la Pergola à Florence et de Fenice à Venise?

rité de la salle, à l'élégance de ses proportions et au bon goût des peintures ou statues qui la décorent.

EAUX THERMALES [1].

82. Les eaux thermales naturelles ou artificielles sont placées sous l'autorité administrative. La découverte d'une source doit être aussitôt révélée et soumise au préfet, qui nomme le médecin des eaux. Les eaux artificielles, comme produit chimique, ne sont fabriquées et expédiées ou mises en dépôt qu'avec l'autorisation du ministre de l'intérieur.

SUBSTANCES VÉNÉNEUSES.

83. L'administration surveille le débit et l'emploi de ces substances dont la spécialité est réservée aux pharmaciens et autres personnes d'une profession officiellement reconnue comme relevant des sciences médicales.

Les tribunaux en punissent sévèrement la vente illégale ou la prescription imprudente.

---

[1] Sur 77 établissements, 6 appartiennent à l'État, 24 aux communes et aux hospices, 47 aux particuliers.

DE THERMIS.

82. Quæque naturaliter ex humo scaturiunt val artificiose fabricantur aquæ, administrationi vigilanti subjectæ sunt. Simul ac fons saliens erupit, certior fit præfectus provinciæ qui medicum ejus constituit. Nullæ fabricantur, ut pharmacum, mittuntur venales, aut in receptaculo ponuntur aquæ, nisi rerum domesticarum curator permiserit.

DE VENENIS.

83. Istis medicamentis veneno mixtis, quibus venalibus utuntur potissimum medici et pharmacopolæ, invigilat providens administratio, quorum nimium aut periculosum lex castigat usum vel illicitam venditionem.

L'ADMINISTRATION DANS LA GUERRE.

84. L'administration ne fait pas la guerre, mais elle dirige les affaires militaires et exerce l'intendance sur les armées en campagne ; de plus, elle connaît du droit militaire, et liquide les pensions des vétérans en retraite ou invalides.

ARMÉE.

85. Un pays aussi vaste que la France doit avoir sur pied une armée considérable. Une nation aussi active, aussi passionnée, aussi tumultueuse que la nation française doit être maintenue par des forces respectables qui protégent les institutions sans opprimer les citoyens. « *Nemo me impune lacessit.* » Ainsi, diminuer l'armée, c'est rendre vulnérable la France au dedans comme au dehors (1).

SERVICE MILITAIRE. RECRUTEMENT.

86. Cependant il est d'une bonne administration

---

[1] Omnes urbanæ res, omnia hæc nostra præclara studia et hæc forensis laus et industria latent in tutela ac præsidio bellicæ virtutis. Simul atque increpuit suspicio tumultus, artes illico conticescunt. (Cicero, *Pro Murena*, § 9).

DE ADMINISTRATIONE REI MILITARI SE INGERENTE.

84. Non militat administratio sed, militiæ, agit et operatur; imo domi in res militares sese ingerit, cum de jure militari cognoscit, militibusque emeritis aut invalidis stipendium annuum solvit.

DE EXERCITU.

85. Necesse est ut tantæ regioni quantæ Galliæ magnus in armis stet exercitus; et gallica gens tam acris et tumultuarii ingenii ingentes copias in suarum institutionum tutamen, non in civium oppressionem, teneat. « *Nemo me impune lacessit*. » Itaque si minuatur exercitus, domi et foris Gallia vulnerabilis fiet.

DE MILITIA.

86. Prudenter tamen agit administratio, si ad

que le gouvernement n'appelle au service actif qu'un nombre d'hommes strictement nécessaire, et proportionné aux besoins de la guerre ou à la sûreté de l'État : car, une armée trop nombreuse est un vol fait à l'agriculture. Toutefois, dans certains pays d'une étendue et d'une population bien inférieure à celle de la France, chaque citoyen est soldat pour un nombre limité d'années. Rentré dans ses foyers, il se trouve prêt à prendre les armes si les circonstances l'exigent. Ainsi, les mêmes bras qui cultivent le sol de la patrie servent à la défendre.

RECRUTEMENT.

87. Le recrutement de l'armée, institution purement militaire par son esprit et son organisation, a toutefois un certain caractère administratif : car il s'accomplit par l'organe de l'autorité administrative.

Le recrutement de l'armée de mer s'exerce seulement dans chaque arrondissement sur les marins soumis à l'inscription maritime.

L'ADMINISTRATION DANS LA MARINE.

88. L'administration de la marine navigue et régit entièrement et toute seule les affaires de la

militiam solum tot homines vocat, quot bello ingruenti vel civitati periclitanti necessarii auxiliares adsint. Militia enim numerosior agriculturam defraudat. Apud quasdam gentes tamen, ubi in minoris tractus solo cives longe pauciores sunt quam in Gallia, quisque ad tempus militiam gerit. Domum redux, ad arma capienda, si tempora postulent, aptus permanet, ita ut eædem manus solum patriæ colant ac tueantur.

DE MILITIA CONSCRIBENDA.

87. Exercitus componendi modus, quæ institutio mente ac re prorsus est militaris, ab administratione tamen et municipali auctoritate, lege præcipiente, efficitur.

Militia nautica in singulis juridictionibus tantum de nautis maritimæ inscriptioni obnoxiis conscribitur.

DE ADMINISTRATIONE IN RES NAUTICAS SE INGERENTE.

88. Navigat administratio remque nauticam omnino per se ipsam et etiam sic tractat ut manu; imo

marine, en connaissant du droit maritime ou colonial, des prises maritimes, et en liquidant les pensions des marins invalides ou en retraite.

L'ADMINISTRATION DANS LA DIPLOMATIE.

89. L'administration n'est point diplomate et ne signe aucun traité ; mais elle s'immisce dans le droit diplomatique en réglant à l'étranger les intérêts des nationaux et en liquidant les pensions des diplomates français.

UNIVERSITÉ DE FRANCE.

90. L'université est la mère et la régulatrice des générations naissantes : c'est la pépinière des maîtres et l'école des citoyens. Le berceau des jeunes populations de la France contient le germe de tout son avenir. L'organisation de l'université, à la fois laïque et religieuse, est en rapport avec l'ordre administratif, qui intervient entre ces deux éléments souvent en conflit.

CONSEIL IMPÉRIAL DE L'INSTRUCTION PUBLIQUE.

91. Le conseil impérial de l'instruction publique est en collision avec l'administration, quand ses décisions sont attaquées devant le Conseil

de maritimo et colonico jure, de captis navibus cognoscit, ac nautis emeritis vel invalidis annuum stipendium solvit.

DE ADMINISTRATIONE IN DIPLOMATICIS REBUS.

89. Ουχι διπλοματικως πραττει administratio nec ulla fœdera sancit, sed de jure diplomatico cognoscit et ea quæ ad nostrates foris pertinent, tractat, annuumque stipendium diplomaticis viris emeritis solvit.

DE GALLIÆ UNIVERSITATE.

90. Universitas est nascentis cujusque prolis mater et regulatrix. Magistros educat; docet cives. In hoc gallicæ propaginis incunabulo inest omnis vivendi ratio. Ut ad laicum et clericum modum eadem pertinet, cum administratione communicat, quæ utramque illius vim utrumque elementum sæpe discrepantia pondere æquali librat.

DE IMPERIALI UNIVERSITATIS CONCILIO.

91. Universitatis concilium cum administratione certat, si quid statuerit, quod propter juridictionis defectum aut transgressionem coram concilio impe-

d'État pour incompétence et excès de pouvoir. Si elles le sont pour violation de formes, une loi spéciale doit investir le Conseil d'État du droit de les juger, de les annuler ou de les maintenir.

DU PRÉFET.

92. Sous la direction du ministre, le préfet exerce l'action administrative.

1° Il représente l'administration générale de l'État.

2° Il est seul l'administrateur dans le département.

3° Il a pour circonscription juridique et locale le département qui lui est confié.

4° Il exerce l'autorité administrative dont il est l'agent direct, en prenant des arrêtés qui ont une force exécutive.

5° Il administre les intérêts généraux et locaux du département.

CONSEIL DE PRÉFECTURE.

93. Le préfet a deux conseils qui le secondent dans la décision des affaires susceptibles d'être mises en délibération.

Le *conseil de préfecture,* administrateur propre et spécial des intérêts de son département, bureau

rii impugnetur. Si in forma violata deliquerit, de isto delicto judicandi et illud rescindendi vel confirmandi jus, non nisi lege ad hoc promulgata, concilio imperii delegatur.

DE PROVINCIALI PRÆFECTO.

92. Dirigente curatore, provincialis præfectus vim administrationis exercet ;

1° Totam rerum administrationem in se repræsentat ;

2° Unus in provincia sua res publicas gerit ;

3° Intra fines provinciæ sibi commissæ rem administrat ;

4° Vim administrandi quam ineundo inauguratur, edictis quæ ad exequendum valent, exercet ;

5° Res communes et privatas provinciæ tractat.

DE PRÆFECTURÆ CONCILIO.

93. Præfecto provinciali accedunt duo vicarii auxiliares qui in negotiorum a pluribus dirimendorum deliberatione illum juvant.

Præfecturæ concilium, scilicet, rebus suæ provinciæ curandis præpositum, quasi constituta sedes

fixe de consultation, l'éclaire de ses avis et supplée à l'inexpérience de l'homme nouveau, souvent étranger aux localités, au caractère et même au langage de ses administrés (1).

CONSEIL GÉNÉRAL.

94. Le second conseil qui assiste le préfet, est le *conseil général* composé de sortes de *missi dominici*, représentants du pouvoir exécutif, qui viennent périodiquement examiner les besoins des populations départementales et délibèrent sur les moyens d'y satisfaire.

Le conseil général, investi d'une part de l'administration, s'immisce légalement dans tout ce qui intéresse le département, dirige, éclaire et soulage le préfet, que le décret du 25 mars 1852 a saisi d'une série d'affaires complexes enlevées à l'action centralisatrice du gouvernement.

DROIT DU PRÉFET D'ESTER EN JUSTICE.

95. Le préfet est autorisé à ester en justice ad-

---

[1] Les magistrats, préfets et autres fonctionnaires délégués par le chef de l'État, arrivent dans un département qu'ils n'ont jamais visité. Étrangers au patois de l'est ou au dialecte des populations

consultrix, inexpertum hominem novum locorum, morum ipsiusque administrandorum civium sermonis etiam rudem monet ac dirigit.

DE GENERALI CONCILIO.

94. Alterum concilium, præfecti adjutor, est *concilium generale* atque instabile, ex *missis dominicis* quasi conflatum, quod summam auctoritatem repræsentat. Qui temporibus constitutis vicissim municipum commoda inquisituri veniunt, et qua ratione quibusque subsidiis eis potissimum consulant, deliberant.

Hoc concilium ad provinciæ administrandæ partem adscitum in illam jure se ingerens, præfectum dirigit, monet atque exonerat, cui decretum quinta et vicesima die martis, anno 1852, edictum, multiplicem variorum negotiorum supellectilem, ex centrali auctoritate ablatam, attribuit, quod magnam partem munerum ab principe et curatoribus ad præfectos transtulit.

DE PRÆFECTO PROVINCIÆ IN JUDICIO STANTE.

95. Præfecto, ex vi concilii generalis delibera-

---

bretonnes, comment pourraient-ils gérer, sans le secours des conseils de préfecture, les intérêts de leurs administrés à Schlestadt ou à Saint-Brieuc?

ministrativement et judiciairement, en vertu de la seule délibération du conseil général.

Il est l'organe de la loi et l'avocat du département.

LE SOUS-PRÉFET.

96. Le sous-préfet, qui n'agit point par lui-même, parce qu'il est sans autorité et sans initiative dans la sphère générale du gouvernement, ne fait qu'exécuter les instructions, les ordres, et les arrêtés du préfet qui concernent les communes de son arrondissement. Il est l'agent intermédiaire de l'administration départementale.

97. Le sous-préfet, sorti de la pépinière du conseil d'État ou de toute autre école de l'administration française, et nourri de l'esprit pratique qui distingue cette administration, n'est pas seulement digne, il est au-dessus de la mission qui lui est confiée. Il en est digne par son éducation et son caractère; il lui est supérieur par ses talents et son habileté. En effet, en vertu d'autres attributions qui l'émanciperaient et le releveraient administrativement, le sous-préfet serait investi d'une autorité spéciale, capable de prendre une résolution, et deviendrait plus qu'un agent intermédiaire. Le préfet pourrait se reposer

tionis, de administrationis æque ac judicialibus rebus, pro sua provincia, in judicio stare licet.

Hic legis organum ac provinciæ patronus idem est.

DE PRÆFECTI LEGATO AUT VICARIO.

96. Impellente provinciali præfecto, ejus legatus, non sui juris, præfecti mandata, solum intra fines suos exequitur, quantum patet generalis administratio, atque omnino auctoritatis expers, provinciali administrationi curandæ, ut vicarius, aut medius, vacat.

97. Præfecti vicarius, ex concilii imperii seminario vel quavis alia Gallicæ administrationis schola profectus, actuosaque vi et studiis, quibus illa valet administratio, imbutus, non modo sane suo officio par est, sed etiam per ingenium et scientiam, superior. Et enim, si ad majora munera quasi emancipatus et ad res ampliores capessendas habilior promoveretur, sui juris nunc fieret, nec jam consilii expers, sed per se ipsum agens (1).

[1] Si res non futilis et prorsus nugatoria videatur, hanc tullianam vocem usurpare mihi liceat : Præfecti legatus *sine virtute nullo modo est; virtus autem actuosa, et ille nihil agens : expers virtutis igitur*. Cicero, de Natura Deorum.

sur lui avec confiance, s'il l'associait à sa tâche et à sa responsabilité.

98. Il est donc souhaitable, pour la prompte expédition des affaires, et dans l'intérêt de la décentralisation administrative, qui devient chaque jour plus nécessaire, que le sous-préfet ait un rôle moins insignifiant, une influence plus énergique; en un mot, qu'il soit chef administratif de l'arrondissement, comme le préfet est le chef administratif du département.

LE MAIRE.

99. Le maire reçoit et exerce l'action administrative.

Il n'a point d'initiative sur l'exécution des lois, des décisions ministérielles et des arrêtés préfectoraux; mais il est apte à diriger l'administration active de la commune.

100. Le maire a quatre fonctions et quatre attributions différentes :

Il est *magistrat, tuteur de la commune, agent administratif* et *juge municipal.*

101. Comme magistrat, il se dispense de consulter le conseil municipal.

102. Tuteur de la commune dont il est mandataire, il doit prendre son avis.

98. Illum igitur talem qualis esse desideretur, sui ipsius operis suorumque munerum socium et adjutorem sibi fidenter adsciscat præfectus, ita ut negotiorum celerius expediendorum causa, quæ ex medio magis in dies tolluntur, actuosiorem vim validioremque auctoritatem exerceat; denique, in juridictione sua vicarius ipse operetur et rem manu tractet, haud aliter quam in provincia præfectus imperat.

DE URBANO PRÆTORE SEU MUNICIPALI.

99. Urbanus aut municipalis prætor vim administrationis experitur atque exercet; haud ipse tamen leges, et curatoris ac provincialisque præfecti mandata exequenda procurat; sed communem circumscriptionis suæ administrationem ipse ac per se dirigit.

100. Magistratus, municipii tutoris, administrandæ rei actoris ac municipalis judicis atque arbitri vices gerit.

101. Cum magistratus sedeat, jus reddendo, municipalis concilii auctoritatis immunis est.

102. Cum stet municipii tutor, cujus mandata facessit, ad hujus consilium confugere debet.

103. Agent de l'administration, il en est comme le délégué en participant à la publication des lois et en les faisant afficher.

104. Juge municipal, il connaît des différends survenus entre certains agents subalternes de l'administration et les administrés. Dans ces cas, il est référé au maire, qui ne prononce sur la contestation que sauf recours au préfet en conseil de préfecture.

DES ADJOINTS.

105. L'adjoint, représentant du maire, le supplée ou le seconde.

106. *Judiciairement*, dans le tribunal de police, il remplit les fonctions du ministère public ; en l'absence, et, à défaut du maire, il est l'officier de l'état civil.

107. *Administrativement*, il supplée, dans la présidence du conseil municipal, le maire absent ou empêché.

Il procède et agit concurremment avec lui dans la commission des répartiteurs, dans la répartition de la contribution foncière et en d'autres opérations de finances.

108. Si administrandæ rei actor, illam repræsentat, legum promulgandarum et affigendarum particeps.

109. Si municipalis judex atque arbiter, de controversiis inter curatores inferioris gradus ac cives statuit. Qua in re ad prætorem recurritur, qui litem componit non nisi prius quam ad præfectum, coram præfecturæ concilio, sit recursum.

DE PRÆTORIS URBANI VICARIO.

110. Prætoris legatus pro illo vicarius sedet et adjutor.

111. Ut judex, si ædilis vices implet, publicam rem repræsentat ac tuetur; absente urbano prætore, res civiles gerit.

112. Ut administrator, absentis aut impediti prætoris, concilii præsidis, vices præstat; socius autem ipsi adjungitur de constituendis vectigalium exactoribus agendo, fundique reditu dispertiendo, aliaque ad publicum ærarium pertinentia paciscendo.

JUSTICE DE PAIX [1].

113. La justice de paix[1], toute conciliatrice qu'elle est par son nom et par sa nature, n'en constitue pas moins un tribunal. A ce titre, elle doit être ferme et impartiale, comme si elle avait à statuer sur les grands intérêts qui occupent souvent les tribunaux de première instance et les cours impériales. Les moindres affaires doivent éveiller sa sollicitude. Elle doit scrupuleusement descendre dans les plus minutieux détails, sous peine de voir le plus léger germe de discorde causer dans les fortunes un désordre que l'autorité de la justice supérieure ne pourrait plus que difficilement réprimer.

HAUTE TUTELLE ADMINISTRATIVE.

114. Elle a été déléguée au Conseil d'État, comme sous le sceau d'un fidéicommis, dans les intérêts généraux de la société, du commerce et de l'industrie, des communes, des établissements publics, de l'administration et de ses agents.

---

[1] Cette institution, dont Voltaire avait vu le modèle en Hollande et conseillé l'usage en France, y fut introduite et établie par l'Assemblée constituante.

DE PACIS CURATORE.

113. Hic, licet nomine et re conciliator, nihilominus gravis et integer judex esto, tanquam de maximis causis cognoscat et in magnis curiis versetur. Contra, magis vigilet et accuratius provideat, nedum segniter oscitet, quemlibet de quacumque causa coram se in jus vocet, et in minutissima quæque diligenter et curiose descendat, ne quid omittat, quod in levissimum semen discordiæ detortum, magnam fortunarum perturbationem importet, quam vel superioris justitiæ curiæ postea vix corrigerent.

DE SUMMA ADMINISTRATIONIS TUTELA.

114. Hæc concilio imperii, quasi sub fidei commissæ sigillo, delegata est, quod civium societatis, commercii, industriæ, juridictionum, publicarum institutionum, administrationis et illorum qui muneribus funguntur, universis, qua patent, commodis provideat.

TUTELLE ADMINISTRATIVE ORDINAIRE.

115. L'administration n'est plus tutrice des couvents (1), mais elle a conservé sous sa tutelle les villes, les bourgs, les villages, les hameaux, les hôpitaux, les fabriques, les colléges et même les écoles. C'est sa volonté qui régit leurs affaires respectives, que l'individu serait inhabile à gérer; c'est sa gestion qui administre leurs biens; c'est enfin l'*œil du maître.*

ADMINISTRATEURS DES COMMUNES.

116. Les administrateurs doivent gérer avec intégrité les intérêts des communes sous l'œil du gouvernement qui ne cesse d'être ouvert sur eux.

DROIT DES COMMUNES PROPRIÉTAIRES.

117. La commune propriétaire gère ses biens comme le mineur émancipé. Le maire et le conseil municipal représentent les intérêts communaux.

Le maire est le conseil.

---

[1] Dans l'ancien régime, on voit un contrôleur général autoriser un intendant à verser 15,000 livres au couvent des Carmélites, auquel on devait des indemnités, et recommander à cet intendant

DE COMMUNI ADMINISTRATIONIS TUTELA.

115. Administratio monasteriorum tutrix esse desiit; sed nunc etiam urbes, pagos, vicos, hospitia, parochiales fabricas et literaria gymnasia, immo ludos tuetur. Cujus vigilantis et inspicientis ad arbitrium, ipsorum civium collectorum res domesticæ quibus unusquisque viritim gèrendis esset impar, geruntur administranturque fortunæ. Illa in aliorum, quasi *dominus* in suis, rebus plurimum videt.

DE JURIDICTIONUM ADMINISTRATORIBUS.

116. Juridictionum administratoribus res publicæ ipsis commissæ, inspiciente et vigilante summo gubernatore, integre curandæ sunt.

DE JURIDICTIONUM POSSESSORUM JURE.

117. Juridictio possessor suas res, ut emancipatus pupillus, gerit. Juridictionis fundos urbanus prætor et municipii concilium repræsentant.

Prætor urbanus consiliator sedet.

---

de s'assurer si cet argent qui représente un capital sera replacé utilement. (Extrait de l'*Ancien Régime et la Révolution*, par Tocqueville.)

Les actes de la commune sont de pure administration.

La commune est apte à acquérir et aliéner, en vertu de la capacité que lui confère l'autorité administrative.

La commune accepte les dons et legs avec l'autorisation du préfet, et en vertu d'un décret impérial rendu en Conseil d'État, dans le cas de réclamation des familles.

DROITS JUDICIAIRES DES COMMUNES.

118. La commune, envisagée comme mineure, ne peut plaider sans l'autorisation du conseil de préfecture, et, s'il refuse, sans celle du Conseil d'État.

La commune demanderesse a besoin d'autorisation pour plaider.

La commune défenderesse ne peut être poursuivie sans une autorisation qui précède l'action formée contre elle.

ACTIONS CIVILES DES COMMUNES.

119. La commune vend et transige pour toutes sortes de biens, quelle qu'en soit la valeur, en vertu de l'autorisation seule du préfet. Les besoins tou-

Juridictio res administrat.

Acquirit ex vi et potestate quam ipsi defert administratio, acquirendi.

Dona et legata, præfecto permittente, et decreto, coram imperii concilio, imperante, si familia expostulet, accipit.

DE JUDICIALI JURIDICTIONUM JURE.

118. Juridictio, ut pupillus in judicio stare non potest, nisi concilium præfecturæ permiserit, et hoc nolente, postquam ad concilium imperii confugerit.

Juridictio accusatrix non quemquam sine venia persequi potest ; rea in litem non vocatur, nisi prius, quam lis intendatur, venia persequendi concessa fuerit.

DE CIVILI JURIDICTIONUM ACTIONE.

119. Juridictio omnia bonorum genera, quanticumque sint pretii, vendit et paciscitur, ex auctoritate extraordinaria præfecti, cum sit necesse

jours croissants de la décentralisation ont créé, en cette matière, une exception à la haute tutelle administrative qui s'étend sur tout le pays.

EMPRUNTS ET IMPOSITIONS DES COMMUNES.

120. L'administration, dans sa vigilance, surveille l'administration elle-même ; elle intervient dans les actes des communes, auxquelles un besoin réel et urgent doit seul permettre d'emprunter et de s'imposer : car l'abus de cette ressource les exposerait à des embarras financiers et même à leur ruine.

C'est le préfet, que les progrès de la décentralisation ont substitué en cette matière au Conseil d'État, qui demeure investi du droit d'autoriser ces opérations.

LA COMMUNE ET LA PAROISSE.

121. La commune, par l'universalité de ses habitants, forme un corps reconnu de la loi. La paroisse n'en est qu'une partie : c'est la réunion des fidèles sous un même pasteur.

La paroisse placée dans la commune, qui vient en aide à la société religieuse qu'elle porte et nourrit dans son sein, lui assure en retour et lui prodigue les avantages d'une instruction chrétienne.

magis in dies contra auctoritatem summam de medio in extremos patriæ fines vires potestatis diffundere.

DE JURIDICTIONUM MUTUATIONIBUS.

120. Administratio in administrationis ipsius acta se ingerit, cum juridictio necessitate coacta mutuetur et mutuari nimium vetetur ne sibi ipsi noceat et ære alieno obruatur.

Provinciæ præfectus concilio imperii substitutus has mutuationes permittit.

DE JURIDICTIONE ET PAROCHIA.

121. Ex juridictione, universis civibus coactis, in unum coalescit et constat lege sancitum corpus. Parochia, una illorum pars, omnes domini servos sub eodem pastore collectos jungit.

Ut in juridictione quæ religiosæ societati quam sinu gestat atque alit, auxiliatur, sita est auxilianti christianæ disciplinæ dona vicissim impertitur.

La commune, faisceau d'individus collectifs, distribue entre eux une source intarissable de secours mutuels. C'est un ordre intermédiaire qui subvient à des besoins trop généraux pour être à la charge des particuliers, sans l'être assez pour peser sur l'État.

FABRIQUES PAROISSIALES.

122. La fabrique d'une église comporte tout ce qui appartient à cette église, tant les revenus affectés à sa construction, à son entretien et à sa réparation, que les ornements de l'autel et les objets déposés dans la sacristie.

La fabrique est une branche de l'administration communale en tant que la paroisse elle-même est la commune religieuse unie à la commune administrative et civile, et qu'à son exemple elle emprunte, acquiert, échange, aliène, vend et transige.

CULTES CATHOLIQUE, PROTESTANT ET ISRAÉLITE.

123. L'État protége et salarie l'Église catholique dont le culte est celui de la majorité de la nation. Placée sous la surveillance du ministre de l'instruction publique, elle se gouverne et se réglemente par l'autorité des archevêques, des évêques et de leurs vicaires-généraux. Les églises dissiden-

Juridictio tanquam singulorum collectivorum fascis, inter illos inexhaustum mutuorum auxiliorum fontem distribuit. Medius quasi intercedens ordo, necessitatibus subvenit pluribus quam ut unicuique privato, paucioribus quam ut civitati incumbant.

DE PAROCHIALIBUS FABRICIS.

122. Ecclesiæ fabrica quidquid ad illam pertinet, scilicet tum fundos ad eam ædificandam (unde nomen fabrica), conservandam reficiendamque constitutos, tum altaris ornamenta et pretiosa quæque in sacrario deposita, in se complectitur.

Juridictionum administrationis pars est, quoad ipsa parochia clerica est juridictio, civili quidem juncta, quippe quæ hujus instar mutuetur, acquirat, mutet, alienet, vendat eademque paciscatur.

DE ECCLESIIS, CATHOLICA, DISSIDENTE, AC DE SYNAGOGIS.

123. Ecclesiæ patrocinatur administratio catholicæ, illamque alit, quippe quam major pars civium colant. Sub tutela publicæ pædagogiæ curatoris, gubernatur atque ab episcopis, archiepiscopis eorumque generalibus vicariis peculiariter regitur. Dissidentium Ecclesiæ, sub domesticæ rei cu-

tes dépendent du ministre de l'Intérieur ; elles se régissent elles-mêmes, mais, comme le culte de la majorité, reçoivent un salaire de l'État.

RECOURS COMME D'ABUS.

124. Les recours comme d'abus qui émanent d'une source ecclésiastique sont déférés, pourtant, sous la forme de requête civile, à la juridiction de droit public dont l'administration investit le Conseil d'État, auquel elle attribue généralement la connaissance de tous actes administratifs ou religieux, entachés d'incompétence ou d'excès de pouvoir.

Le précepte divin écrit dans l'Évangile a fondé et fixé la législation qui maintient dans ses limites le pouvoir ecclésiastique, sous le titre de *recours* ou d'*appel* comme d'*abus : Rendez à César ce qui est à César, et à Dieu ce qui est à Dieu.* La puissance temporelle appartient au prince, et la spirituelle aux évêques.

DEMANDE DE CHANGEMENT DE NOM.

125. Le conseil d'État, juge et appréciateur des motifs et des convenances sur lesquels s'appuient ces demandes, se montre à cet égard fort sobre et fort réservé. Il cherche à conserver le principe sacré de l'identité des personnes, et à prévenir la

ratoris auctoritate, quamvis propriis legibus administrentur, non secus ac majoris civium partis ecclesia, mercedem a fisco accipiunt.

DE APPELLATIONIBUS CONTRA CLERICAM AUCTORITATEM AD CIVILEM.

124. Quanquam ex clericali origine ortæ sint, sub civilis tamen postulationis forma, ad juridictionem juris publici et ad concilium imperii, deferuntur, cui omnium ab administratione vel clero contra jus et æquum se intrudente actorum cognitio tribuitur.

Divino illi præcepto, quod consignatum in evangeliis legitur, innixa stat lex illa, vulgo dicta *appel comme d'abus*, qua intra suos fines Ecclesiæ potestas continetur, seque in civilem ab intrudendo prohibetur · *Redde Cæsari quod est Cæsaris, Deo quod Dei.*

DE MUTANDORUM NOMINUM POSTULATIONIBUS.

125. Concilium imperii causarum cur nomina mutentur, curiosus æstimator, hic se parcissimum præbet, in illo ipsarum personarum et juris familiarum principio innixum, quod mutatorum crebrius nominum, quæ stabilia et cognatione continuata

confusion qu'entraîneraient des changements de nom trop fréquents ; il maintient la perpétuité des familles dont les membres se rattachent les uns aux autres par la communauté du nom. L'administration exerce ici une juridiction de droit public.

ÉLIGIBILITÉ.

126. L'éligibilité était, il y a quelques années, un privilége; elle est devenue le droit commun et la non-éligibilité, une exception.

LE JURY.

127. L'institution du jury est naturellement protégée par l'administration, puisque les institutions administratives sortent du sein même du jury, telles que les conseils généraux, les conseils d'administration et les conseils municipaux.

GARDE NATIONALE.

128. L'organisation en est toute administrative, puisque c'est l'administration qui arme et qui équipe la garde nationale. Son service est un service d'ordre, de sûreté et d'honneur.

stare oportet, confusionem impediat ; cognati enim alii aliis communi nomine junguntur et cohærent. Hic, administratio juris publici juridictionem exercet.

DE ELIGENDI VIRI CONDITIONE.

126. Eligendi viri conditio ex privilegio facta est jus commune ; nunc interdictio eligendi viri exceptio lege habetur.

DE JURATORUM CONCILIO.

127. Juratorum institutionem tuetur administratio, ut multæ in administratione institutiones ex ipso juratorum concilio oriuntur, generalia scilicet præfecturæ concilia, administrationis et municipii concilia.

DE CIVILI MILITIA.

128. Hujus constituendæ ordo ad administrationem pertinet, ut ab illa armatur atque instruitur. In civium pacem et securitatem suique ipsius decus militat, vel potius ministrat.

JURY DE RÉVISION.

129. Le jury de révision de la garde nationale, tribunal administratif substitué dans chaque canton aux conseils de préfecture, avec des pouvoirs plus étendus, relève lui-même du Conseil d'État, devant lequel il peut être attaqué pour incompétence et excès de pouvoir.

CONSEIL DE RÉVISION.

130. Le conseil de révision forme, en matière de recrutement militaire, une juridiction spéciale, mais pourtant mixte dans sa composition, et même plutôt administrative que militaire.

L'IMPRIMERIE.

131. L'imprimerie est double dans sa nature : c'est un art et une profession. Comme art, elle est étrangère à l'administration, qui n'a pas le droit de la juger ; comme profession, l'œil du pouvoir a le droit de la surveiller pour lui faire respecter la tranquillité publique, le maintien des mœurs et la bonne foi commerciale. L'imprimerie et la librairie rentrent naturellement, par leur organisation et leurs rapports avec l'ordre général, dans les attributions du ministère de la justice, chargée d'une

DE RECENSIONIS CONCILIO.

129. In civili militia recensionis concilium, in administratione constitutum, conciliis præfecturæ cum majore juridictione, in quoque juridico conventu, substitutum, ad concilium imperii pertinet, coram quo propter juridictionis defectum aut transgressionem impugnari potest.

DE RECENSIONIS MILITARIS CONCILIO.

130. Recensionis concilium ad tirones militiæ conscribendos constitutum peculiaris et mixta est juridictio, ut ex pluribus in administratione quam in re militari consiliariis constat.

DE TYPOGRAPHIA.

131. Typographia est duplex, ars scilicet et vitæ institutum. Illa administrationi aliena est, cui non licet in eam se ingerere ; huic invigilat censoria auctoritas, ne publicam tranquillitatem, mores et commercii fidem in discrimen inferat. Typographia et librorum editio, ut constitutæ sunt et ad bene moratam civitatem pertinent, provinciæ subjectæ sunt justitiæ, cui duplex est munus et officium, nempe : 1° fingendis aliorum libris, qui fortunas evertant, industriam impediant, commerciumque

double mission à leur égard : celle d'empêcher les contrefaçons qui *attaquent la propriété, découragent l'industrie* et *ruinent le commerce*, et celle de prévenir la publication des écrits qui pourraient troubler l'ordre public ou corrompre les mœurs. Tel est le double délit que l'autorité doit réprimer ou poursuivre.

LA PRESSE PÉRIODIQUE.

132. La liberté en est permise en de justes limites, s'il s'agit de matières politiques. Elle est sans restriction pour les sciences et les lettres. La licence en est punie sous quelque forme qu'elle se manifeste, et la répression est d'autant plus sévère qu'un mauvais journal recèle un poison plus dangereux qu'un mauvais livre. Les effets de l'un sont circonscrits et passagers, ceux de l'autre généraux et permanents.

AUTEURS, IMPRIMEURS, LIBRAIRES ET COLPORTEURS.

133. Un mauvais livre, une page licencieuse, un écrit dangereux, sont un poison qui, s'insinuant dans les veines du corps social, en corrompt toutes les parties. Ce poison subtil, c'est l'auteur qui le distille, l'imprimeur qui le prépare, le libraire qui le

pessumdent ; 2° libris pravæ farinæ edendis, obstandi, qui rectum publicæ rei statum conturbent, moresque pervertant. Hoc duplex delictum illa reprimit, vel judicio persequitur.

DE PERIODICO DIARIO.

132. Cuilibet de politicis rebus sobrie scribere licet; de scientiis litterisve libere. Si quis autem de quacumque re licentius scripserit, eo severius coercetur quo periculosius in pravo diario quam in pravo libro subest venenum. Quod enim alter peperit malum, certis continetur finibus ac transit; quod effecit alter, serpit, latius manat et grassatur, ac permanet.

DE SCRIPTORIBUS, TYPOGRAPHIS, BIBLIOPOLIS, ET LIBRORUM CIRCUM FORANEIS VENDITORIBUS.

133. In pravo libro, licentiosa pagina, periculoso quoque scripto venenum inest quod sese in reipublicæ venas insinuat, ita ut nullam illius partem intactam relinquat. Hoc concipit scriptor, hoc componendo miscet, hoc typographus diffundendum

met en vente, et le colporteur qui le distribue et le propage. Le produit intellectuel est en conséquence soumis à une triple garantie, à la triple obligation par l'imprimeur de la *déclaration préalable* de l'écrit à imprimer, du *dépôt* de l'œuvre imprimée au secrétariat de la direction ou des préfectures, de l'*indication* du *nom* et du *domicile* de l'*imprimeur* lui-même.

THÉATRES ET REPRÉSENTATIONS DRAMATIQUES.

134. Les théâtres sont placés sous la main de la police administrative qui sauvegarde la morale publique. La censure des œuvres dramatiques doit être vigilante et sévère sans être toutefois trop méticuleuse. Quand elle néglige ou méconnaît ses devoirs, elle se rend complice de la décadence de l'art et des mœurs, sur lesquels le théâtre exerce, surtout en France, une action si directe et une influence si profonde.

POLICE MORALE. DESSINS, GRAVURES LITHOGRAPHIES [1].

135. L'autorité ferme trop souvent les yeux sur ces productions qui garnissent et déshonorent l'é-

---

[1] Parmi les lois des Thébains, il en est une qui condamne à l'amende les peintres et les sculpteurs qui ne traitent pas leurs sujets d'une manière décente. (*Voyage du jeune Anacharsis.*)

parat ; hoc venale exhibet bibliopola, et propagat circum foraneus venditor. Ille igitur mentis et intelligentiæ partus, sub pœna, triplici huic experimento obnoxius est ; scilicet, ut typographus, priusquam edat in lucem opus etiamque excudat, declaret, confectum apud censorem deponat et in ipso suum nomen domiciliumque indicet ac profiteatur.

DE THEATRIS AC FABULIS IN SCENA AGENDIS.

134. Hæc administrationis politiæ sunt subjecta, cujus vis et jus ex publica auctoritate derivantur. Quæ si non severe ac vigilanter, nec tamen meticulose, æstimat et carpit censura, artis cadentis labentiumque morum in quæ drama vim et imperium, præsertim in Gallia, exercet, rea est ac particeps.

DE MORALI ÆDILITATE. — DE GRAPHICÆ ARTIS SPECIMINIBUS IN PROSTIBULO VENALIBUS.

135. Hic, speciminibus graphicæ artis cujuslibet in magna urbe prostitutis connivet administratio.

Ακούω κεῖσθαι νόμον Θήβησι προστάττοντα τοῖς τεχνιταῖς και τοις γραφικοῖς, καὶ τοῖς πλαστικοῖς εις το κρεῖττον τὰς εικόνας μιμεῖσθαι. Απειλει δε ὁ νόμος τοῖς εἰς τὸ χεῖρόν ποτε ἢ πλασασιν, ἢ γραψασι, ζημιαν το τιμημα δρᾶν. Elien. Hist. Livre IV, ch. 4.

talage de certaines boutiques de Paris. Par quel motif est-elle complice des auteurs de ces débauches de l'art, qui cesse de mériter ce nom quand il s'offre sous de telles formes ?

LE TERRITOIRE.

136. Le territoire embrasse toutes les terres renfermées dans les limites du district où chaque bien foncier constitue son essence.

137. La circonscription du territoire doit son origine à l'assiette de l'impôt et à la fixation de l'ordre hiérarchique des juridictions.

138. Le territoire est la base de l'organisation politique et détermine par une ligne régulière de démarcation la compétence de chaque juge ou fonctionnaire local.

139. Le grand principe qui régit le territoire des communes, c'est que, n'étant point partie intégrante des propriétés communales, il reste perpétuellement dans la dépendance de la puissance exécutive, qui seule peut changer sa circonscription à l'intérieur, mais n'a point le droit de le démembrer ni d'en aliéner ou céder même une portion.

140. C'est un principe éternel commun à l'ancien droit public français et au nouveau droit con-

Quî fit ut horum monstrorum artis, quæ sic nulla est, auctorum quasi ipsa particeps esse videatur?

DE TERRITORIO.

136. Territorium omnes terras intra fines juridictionis inclusas amplectitur ubi ex singulis fundis constat.

137. Territorii circumscriptio primitus ad describendum vectigal et dividendum juridictionum ordinem instituta fuit et composita.

138. Politicarum rerum moles et compago in territorio innititur, quippe quod cujusque judicis vel locorum curatoris juridictionem certis finibus describat.

139. Illa præcipua lex juridictionum territorium regit, ut ipsum, cum fundorum communium pars integra non sit, penes imperium principis perpetuo stet, quod unum ad mutandam ejus circumscriptionem valet, juris tamen expers illud alienandi vel unam ipsius partem aliò transferendi.

140. Illud æternum principium constat veteris gallici juris ac novarum constitutionum commune

stitutionnel, que le territoire du royaume ou de l'empire est réputé indivisible (1).

141. La constitution de 1852 a confirmé et consacré le principe de l'indivisibilité du territoire par l'art. 26, qui confère au Sénat le droit de s'opposer à la promulgation des lois qui pourraient en compromettre la défense.

142. La division du territoire doit varier suivant les localités.

143. 1° Cette division se règle sur l'étendue des pays qu'habitent les administrés, et non sur leur nombre, excepté pour les grandes villes, où les affaires sont multipliées à l'infini par une population croissante et agglomérée.

144. 2° La nature du pays déterminera la proportion de l'étendue des départements. Dans un pays de montagnes, l'arrondissement sera plus petit que dans un pays de plaines ; dans un pays traversé par de grandes routes, il sera plus étendu que dans un pays qui n'en a point.

145. 3° Les rivières ou fleuves, bornes des États, ne doivent pas servir aux divisions de l'intérieur. La

---

[1] Les États de 1359 rejetèrent avec acclamation et cris de guerre la première cession de 14 provinces, consentie par le roi Jean, prisonnier en Angleterre.

La cour des barons et des pairs déclara contraire aux lois du royaume la deuxième cession contenue au traité de Bréquigny.

ut nostratis regni vel imperii territorium indivisum sit.

141. Quod quidem nostra 1852 constitutione confirmatum est, quæ in articulo 26, promulgandis legibus quibus territorii defensio periclitari possit, adversandi jus senatui defert.

142. Juridicæ administrationis divisio secundum locorum naturam diversa esse debet.

143. 1° Hæc ut constituatur certisque finibus definiatur, regionis tractus in qua cives habitant, non numerus, regula esto, nisi in maximis civitatibus agatur, ubi negotia hominum agglomeratorum multitudine ad infinitum amplificata abundant.

144. 2° Ex regionis natura æstimabitur qualis et quota præfecturæ sectio esse debeat.

In montium regione, præfecturæ sectio minor erit quam in camporum planitie.

In regione latis itineribus intersecta, latius quam in apertis patebit.

145. 3° Flumina imperiorum confinia interiores ipsorum divisiones non terminare debent.

Les États rejetèrent encore le traité de François Ier avec Charles V pour la cession de la Bourgogne.

(*Cours théorique et pratique du droit public et administratif.*)

LAFERRIÈRE.

nation les a donnés pour limites aux royaumes et aux empires, parce que ce sont des barrières physiques et une ligne tracée qui ne peut faire naître aucune contestation, et parce que chaque État sait ainsi profiter des avantages et des bienfaits qu'ils procurent à la navigation.

146. 4° En un mot, les fleuves à l'extérieur doivent diviser (1); à l'intérieur, ils doivent réunir.

147. 5° Les habitants des deux rives d'un fleuve sont nationaux. Leurs intérêts sont donc les mêmes, et, malgré cette barrière, leurs rapports n'en sont pas moins multipliés ni moins constants, ni la sphère de leurs affaires mutuelles moins active.

148. 6° Il est en conséquence d'une sage et bonne administration que des riverains opposés soient régis par la même juridiction, ressortissent à une seule préfecture, à un seul arrondissement, à un seul canton, à une seule commune, et que les divisions administratives soient circonscrites par bassins, sans se terminer au bord même des rivières.

---

1. Pour exemple pris chez l'étranger de la division de divers pays voisins par une même masse d'eau, le lac de Constance confine à cinq villes et États différents :

1° Constance dans le pays de Bade;

Ipsis imperiorum esse conterminis natura contigit, quippe quæ solida firmaque obstacula assurgant et quasi descripta illorum linea, sine ulla controversia, intercedant. Ad hoc accedit ut ad navigationem cujusque finitimæ regionis maxime conferant.

146. 4° Itaque flumina gentes dividant foris, domi autem cives conjungant.

147. 5° Cum utrique communis fluvii riparii cives sint, iisdem ejus commodis pariter utentur, atque hoc necquicquam obstante, constantissimo frequentissimoque commercio maxime actuosi inter se invicem communicabunt.

148. 6° Sanæ igitur ac prudentis administrationis est, riparios utrosque eadem norma regi, ad unum præfectum, ad unum juridicum conventum, unamque juridictionem certis finibus circumscriptam pertinere, administrationis divisiones sinuum limitibus circumscribi, nec in extremis fluminis ostiis ipsis finiri.

2° Frederichshaven dans le Wurtemberg;
3° Lindau en Bavière;
4° Breguenz en Autriche;
5° Rohrshah en Suisse, canton de Gall.

CHEMINS VICINAUX [1].

149. Les chemins vicinaux, ainsi que les rivières, les canaux et les cours d'eau navigables, en facilitant le transport des produits du sol et de l'industrie en tout temps, en tous lieux et à peu de frais, multiplient la valeur de ces produits et enrichissent les producteurs. C'est par ces chemins que le commerce pénètre et sillonne la province dans tous les sens, si l'administration les répartit également sur la surface du territoire ; ce sont eux qui soutiennent le prix du salaire du pauvre que les travaux de ce genre emploient et retiennent sur son sol natal. Ce travail est même si productif qu'il rend inutile ou fait fermer l'atelier de charité que les circonstances auraient forcé d'ouvrir.

PROPRIÉTÉ FONCIÈRE.

150. L'importance du droit de la propriété foncière a été reconnue dans l'antiquité la plus reculée. L'auteur [2] du livre de Job place à la tête de sa liste des méchants *ceux qui ont reculé la borne de leur voisin*. Le livre du Deutéronome et les Proverbes les maudissent. D'autres écrivains anciens attribuent l'origine des lois et du gouvernement

---

[1] Sous l'ancien régime chemins de communauté.
[2] Job, XXIV, 2 ; Deutéronome, XIX, 14 ; Proverbes, XXII, 28.

DE VICINIS AUT COMMUNIBUS ITINERIBUS.

149. Per vicina vel communia itinera, tanquam per fluvios et canales et quacumque navigandum sit, dum terræ ac laboris partus omni tempore et quocumque exiguis sumptibus vehuntur, quidquid paritur simul et partus auctor pretio et opibus proficiunt. Communibus igitur itineribus, si administratio ea struenda æque dispertiatur, commercium in territorium penitus se insinuat et grassatur, laborisque pretium sustentatur, cum pauper nunquam vacet, soloque suo adhæreat. Tanta denique ex illis efflorescit utilitas ut laboris officina, si unquam otioso ac cessanti operario patuerit, nullo indigente, nulla fiat et claudatur.

DE FUNDI POSSESSIONE.

150. Quantum jus possessionis fundi valeat apud maximæ antiquitatis populos constitit. Job inter pessimos annumerat et Deuteronomi Proverborumque liber istos execratur qui *proximi sui terminos transtulerunt*. Alii scriptores legum et politiæ originem terræ divisæ adscribunt.

au partage des terres. La somme de la richesse, du bien-être et des jouissances dans un pays qui possède le droit de propriété foncière, surpassera toujours la somme des mêmes avantages dans un pays où ce droit n'existe point.

DOMAINE PUBLIC. — DOMAINE DE L'ÉTAT. — DOMAINE NATIONAL.

151. Le domaine public désigne ce qui sert à un usage public et ne peut tomber dans le domaine privé, ni être l'objet d'une prescription.

152. Le domaine de l'État désigne ce que l'État possède au même titre que les particuliers, ce qui entre dans le trésor public sans sortir du commerce, et demeure en conséquence sujet à l'aliénation et à la prescription.

153. Le domaine national, sous un terme générique, comprend ces deux natures de domaines, qui se substituent leurs biens respectifs et peuvent en échanger la destination.

PROPRIÉTÉ PUBLIQUE.

154. La propriété publique attire et absorbe en elle-même la propriété privée.

C'est là un principe adopté par le code législatif français.

Ubi fundus possidetur, ibi melius et jucundius erit quam uspiam ubi fundi possessio nulla est.

DE PUBLICO, DE IMPERIALI, DE GENTILI DOMINIO.

151. *Publicum dominium* significat quod ad publicum usum pertinet, nec in privatam possessionem neque sub præscriptionem cadere potest.

152. *Imperiale dominium* significat quod imperium uti privatus homo possidet, atque in thesaurum influit neque ex commercio egreditur, et ideo alienationi aut præscriptioni est obnoxium.

153. *Dominium gentile*, sub generali nomine, utrumque complectitur, quod se invicem supplet, et vim atque usum alterutrius sine discrimine permutat.

DE PUBLICA POSSESSIONE.

154. Publica possessio in se privatam trahit et absorbet.

Quod quidem principium gallico legum codice comprobatum est.

155. Il importe à l'agriculture et à l'industrie que le sol de la France ne soit point dépouillé de ses bois ; la propriété forestière est, en conséquence, astreinte à des conditions particulières et variables selon la qualité des propriétaires.

156. L'*État*, être moral qui ne peut mourir, et protecteur naturel des intérêts publics permanents, a dû choisir l'aménagement à longues années, qui procure les meilleurs bois de consommation et les arbres les plus propres aux constructions maritimes et autres.

---

[1] Toute l'économie de notre système forestier repose sur cette distinction entre les trois sortes de propriétaires de bois énumérées dans ce paragraphe, c'est-à-dire l'État, les communes et établissements publics, et les particuliers. Il suffira, pour s'en convaincre, de résumer très-succinctement les principales dispositions du Code forestier.

L'administration forestière gère les biens de l'État et ceux des communes. Elle laisse aux particuliers la gestion de leurs bois, sauf deux exceptions indiquées plus loin.

L'administration forestière, chargée de la gestion des bois de l'État et de ceux des communes, leur impose le régime forestier dans toute sa rigueur.

Le régime forestier s'exerce passivement et activement : *passivement*, par la *protection* qu'il accorde aux forêts ; *activement*, par l'aménagement qu'il leur applique.

La *protection* atteint le fonds même de la propriété forestière par les dispositions relatives à l'extinction et à l'exercice des droits d'usage. La loi, à cet effet, défend de nouvelles concessions de droits d'usage dans les forêts ; elle donne même aux proprié-

DE SYLVARUM REGIMINE.

155. Agriculturæ interest atque industriæ, ne Gallicum territorium sylvis denudatum sit. Itaque sylvarum possessio quibusdam coercetur exceptionibus quæ ex possessorum longævitate inter se discrepant.

156. Cum sit administratio quasi persona, quæ mori non potest, publicique commodi constantissima tutrix, ei non cædendarum nisi excelsarum ac plures post annos sylvarum ratio eligenda fuit, quæ optima ligna arboresque ad struendas naves et quæque alia opera molienda aptissima suppeditat.

---

taires des forêts le droit d'affranchir leurs bois des droits d'usage existants.

Enfin, elle veut que l'exercice des droits d'usage ne devienne pas nuisible à l'exploitation des forêts et menaçant pour leur conservation. En outre, la loi, par certaines prohibitions, atteint la superficie même du sol et veille à ce qu'il ne subisse aucune détérioration.

L'*aménagement* a pour but de cultiver, améliorer, utiliser une forêt. L'aménagement exige une étude approfondie de la forêt qu'il s'agit d'exploiter, ensuite un règlement de culture et d'exploitation qui soient en rapport avec les ressources que présente le sol.

L'État laisse aux particuliers la gestion de leurs bois, et l'administration forestière n'intervient que dans les deux circonstances suivantes : 1° dans le règlement des droits d'usage dont un particulier veut s'affranchir; 2° dans la faculté de défricher, qu'il convient, suivant les cas, d'accorder ou de refuser à ceux qui la demandent.

157. Les *communes* sont des personnes morales dont l'existence, quoique longue, n'a pas la même certitude que celle de l'État. Elles doivent donc préférer, pour l'exploitation de leurs bois, des coupes périodiques moins longues que celles de l'État.

158. Les simples *particuliers*, propriétaires de bois, n'ayant qu'une existence passagère, sont avant tout pressés de jouir, et ont dû adopter de préférence, pour les coupes, les périodes les plus rapprochées.

DES EAUX.

159. Les eaux sont partagées en quatre grandes divisions, fixées par la *nature*, la *législation*, la *jurisprudence* et *l'usage*.

160. La *nature* en a donné la jouissance à tous les hommes;

161. La *législation* en a restreint l'abus par l'occupation et la propriété;

162. La *jurisprudence* a fixé les conditions de la jouissance et de l'abus.

163. L'*usage* instinctivement les a consacrées en principe.

157. Cum sit juridictionum administratio quasi persona quæ, licet diu vivax, perire tamen potest, ei cædendarum breviorum nec post tot annos sylvarum ratio eligenda fuit.

158. Privatus denique possessor cum sit persona quæ transit, et fruendi admodum cupida, ei cædendarum recentiorum ac paucos post annos sylvarum ratio eligenda fuit.

DE AQUIS.

159. Aquæ in quatuor partes dividuntur, quas *natura, lex, jurisprudentia* et *usus* constituit.

160. His uti *natura* omnibus permittit.

161. Abuti, occupando et possidendo *lex* vetat.

162. Utendi et abutendi fines et conditiones definivit *jurisprudentia*.

163. Has *usus* principio certo, quodam instinctu, sancivit.

164. L'eau courante dans le lit des rivières non navigables, à l'égard des non riverains, est classée parmi les choses publiques et rentre dans le grand axiome des Institutes : « *Naturali jure com-* « *munia sunt omnium hæc : aer, aqua profluens,* « *mare et per hoc littora maris.* »

La propriété n'en saurait être assignée, puisque sa nature mobile et qui se dérobe sans cesse l'empêche d'être une substance foncière. Peut-elle, en effet, suivant les paroles d'un jurisconsulte anglais, s'asseoir sur une chose si fugitive, qu'elle a disparu en moins de temps qu'on en met à dire : *meum, tuum, suum?*

165. A l'égard des riverains, l'eau courante constitue le corps de la rivière [1] servant à la pêche, aux irrigations, à l'agriculture et aux autres avantages agricoles ou exercices d'agrément que son cours procure, non à ses propriétaires, mais à ses usagers. Elle est placée hors du domaine privé comme le lit même de la rivière, son accessoire, et, n'ayant pas de maître, tombe dans le domaine de l'État [2].

---

[1] POTHIER, *Traité de la propriété.*
[2] *Impossibile* est ut alveus fluminis publici non sit publicus.

DE AQUARUM POSSESSIONE.

164. Aqua profluens in alveo fluminis quod non navigatur, quoad attinet ad non riparios, inter publicas res annumeratur, et ad præclarum illud institutorum axioma pertinet : « Naturali jure com- « munia sunt omnium hæc : aer, aqua profluens, « mare et per hoc littora maris. »

Qualis sit ejus possessor ambigitur, quod natura mobilis et lubrica non fundus esse possit. Num possessio esse potest rei tam fugacis, ait anglicus jurisconsultus, ut citius evanuerit quam dicere queas : *meum*, *tuum*, *suum* ?

165. Quoad ad riparios attinet, aqua profluens est fluminis corpus ad piscatum, irrigationes, agriculturam et alia commoda cæterasque voluptuarias exercitationes accommodatum, quæ non possessoribus sed fruentibus parit. Extra privatum dominium sita est ut fluminis ipse alveus, qui ad eam accedit, dominique vacua in publicum dominium incidit.

RIVAGES ET RELAIS DE LA MER.

166. Par le principe que l'effet naturel de la propriété publique est d'attirer et d'absorber en elle-même la propriété privée, les rivages et relais de la mer sont adjugés à l'État.

CHASSE.

167. L'autorité judiciaire connaît des contraventions relatives à la chasse et les punit, mais c'est l'administration qui en surveille les règlements et la police. C'est elle qui autorise et provoque la chasse quand elle est un moyen de détruire les animaux nuisibles, et la permet, quand elle n'est qu'un exercice et une distraction.

EXPROPRIATION POUR CAUSE D'UTILITÉ PUBLIQUE.

168. L'utilité communale, qui dérive du principe de l'utilité publique, autorise et entraîne l'*expropriation*.

La déclaration d'utilité publique, à notre époque de travaux herculéens, est prononcée en vertu du sénatus-consulte du 25 décembre 1852, qui, pour en hâter l'essor et l'exécution, a substitué à la forme de la *loi* celle du *décret*.

DE LITTORIBUS ET QUÆ IN SICCO RELIQUERIT MARE.

166. Cum publicæ possessionis sit ea vis ut in se privatam trahat et absorbeat, littora et quæ in sicco reliquerit mare, publico dominio adjudicantur.

DE VENATIONIS POLITIA.

167. Judicialis auctoritas de controversiis quæ ad venationem pertinent cognoscit et quidquid in eam sit delictum, in illud animadvertit. Rerum administratio autem politiam venationis regit, servandamque curat, atque eamdem in præsidium et a noxiis animalibus defensionem fovet et incitat, dum pariter eam exercitationis ac voluptatis instrumentum permittit.

DE PRIVATO FUNDO PUBLICÆ UTILITATIS CAUSA ALIENANDO.

168. Juridictionum utilitas quæ ex publicæ utilitatis principio derivatur, privatorum fundorum alienationem imperat et secum trahit.

Publica utilitas, in hoc laborum herculeorum tempore, ex senatus consulto 25 decembris 1852, pronunciatur, quod, ut celerius perficiantur, legi priori decreti formam substituit.

INDEMNITÉ POUR EXPROPRIATION.

169. C'est un principe de droit civil et constitutionnel qu'une indemnité est due par l'État au propriétaire exproprié pour cause d'utilité publique.

SERVITUDE MILITAIRE.

170. La servitude militaire n'a pas le caractère d'une expropriation pour cause d'utilité publique. Le propriétaire d'un terrain compris dans une zone ou rayon militaire, frappé d'une servitude légale, ne peut réclamer aucune indemnité.

ALIGNEMENTS.

171. En principe général, l'administration attend le moment où les édifices tombent de vétusté, pour exécuter les alignements déjà arrêtés, soit en plans généraux par le Conseil d'État, soit en plans partiels fournis par les maires; mais les travaux d'utilité ou d'embellissement public font déroger à la règle pour le percement des rues, l'ouverture des routes stratégiques départementales ou urbaines, et l'amélioration ou l'assainissement de la grande et de la petite voirie.

DE DAMNO FUNDI EVERSI COMPENSANDO.

169. Civilis juris et constitutionis hoc est principium ut damnum possessoris e domo, utilitatis publicæ causa, expulsi, a civitate sit repensum.

QUOD VULGO SERVITUS MILITARIS NUNCUPATUR.

170. Quod vulgo dicitur *servitus militaris* non est alienatio utilitatis publicæ causa ; ideo possessor fundi intra militarem zonam inclusi, cui servitus ex lege incumbit, pro damno non rependitur.

DE LINEIS URBANARUM ET PROVINCIALIUM VIARUM AD AMUSSIM DESCRIPTIS.

171. Ex certo ædificandi principio, administratio expectat dum vetustate ædificia corruant, ut lineas ad struendum descriptas sive generaliter a concilio imperii, sive partim ab urbanis prætoribus constitutas exequatur. Sed utilitatis vel decorationis publicæ causa sæpe exequendo anticipantur, si latæ ad strategiam viæ sint aperiendæ, aut majora æque ac minora itinera salubriter amplianda.

COLONISATION.

172. La vraie colonisation consiste dans l'assimilation à la mère-patrie d'une terre conquise et pacifiée. Pour atteindre ce but, une administration sage et prévoyante, économe de l'argent de l'État et de la santé des nationaux, n'envoie point d'émigrants sur le sol qu'il s'agit de coloniser avant de l'avoir préparé à recevoir ses nouveaux hôtes. Elle commence par dessécher, ouvrir et creuser pour édifier ensuite. L'air et l'espace des lieux assainis, les routes, les plantations, les écoles d'agriculture doivent précéder l'immigration des hommes qui viendront avec plus de confiance et de sécurité bâtir sur ces premières assises, ensemencer la terre défrichée par l'administration, y faire éclore et croître tous les fruits de la civilisation et du progrès.

173. On ne verra plus la lie d'une nation se déverser dans la colonie naissante, comme il arrive aux États-Unis, qui sont comme autant de réceptacles destinés à recevoir les vices et le rebut de notre vieille Europe.

174. On y verra, au contraire, accourir un peuple jeune, sain et vigoureux, un peuple de cultivateurs, d'industriels et d'artisans, qui consti-

DE COLONIA COLLOCANDA

172. Vera quidem et recta illa colonia est, si qua provincia armis subjecta et pacata patriam ipsam repræsentet. Quod ut assequatur prudens administratio, tam publicæ pecuniæ quam civium salutis parca et studiosa, nullum in terram incultam prius migrare sinit, quam hæc ad novos hospites excipiendos idonea sit atque omnino parata. Itaque primo paludes dessiccabit, et solum fodiet, ubi deinde struat. Ab aere et spatio, apertorumque locorum salubritate, ac regionum tractu, arbores serendo, plantas in riguis tramitibus figendo agrosque colendo coloniam novam novi auspicabuntur homines qui tanto fidentiores magisque securi migrando confluent, super fundamentis jactis ædificaturi et in sulco sata jam ab administratione deposita culturi, quæ in auream fructuum messem efflorescant et luxurientur.

173. Jam non infima fex gentis in nascentem coloniam defluet, ut ista infamis plebecula decrepiti ac degeneris orbis in novi cloacam evadit.

174. Juvenis contra robusta et acris cultorum atque artificum selecta natio, generosi coloni fient, dum patriæ suæ cujus lac nativum ab ubere suxe-

tuera de vrais colons apportant avec eux les lumières et les arts dont ils doteront leur patrie adoptive sans oublier toutefois le pays natal, auquel ils sont redevables de la vie physique et de la vie intellectuelle. C'est ainsi que la mère-patrie et la colonie sa fille, qui s'y sera graduellement assimilée, loin de se séparer, ne cesseront de s'appuyer et, en quelque sorte, de graviter l'une sur l'autre, réunies par leurs intérêts et jouissant toutes les deux des mêmes droits et des bienfaits d'une commune administration.

DES COLONIES.

175. Si les colonies et la France forment une seule et même patrie, il est absurde et presque contre nature, que la métropole et ses filles n'aient pas les mêmes lois d'échange commercial.

DU DROIT COLONIAL.

176. Les principes du droit colonial peuvent à peine d'ailleurs être réduits en *Aphorismes*, parce que les bases en sont incertaines et transitoires, parce que, même de nos jours, le droit colonial est à l'état de tâtonnement et d'hésitation, et cherche le progrès.

Par exemple, le projet libéral et généreux des

runt, maternas adoptivæ inferendo artes atque inculcando, boni cives piique filii remanebunt. Sic patria et colonia quæ hujus instar paulatim fiet, nedum ab illa deficiat, altera alteri innixæ, eisdem commodis eodemque communis administrationis beneficio fruentes, ita coalescent ac tandem inhærebunt, ut una ex duabus quasi conflata videatur.

DE COLONIIS.

175. Cum ex Gallia et coloniis eadem constet patria, non sine absurda quadam et quasi immani ratione coactæ nec libere suos invicem fructus suasque merces permutant.

DE COLONICO JURE.

176. Colonici juris principia *in aphorismos* vix redigi queunt, quia in instabili fundamento fluitantia labant, coævumque nobis jus colonicum, licet ad melius spectet, iners tamen adhuc repit et incertum vagatur.

Exempli gratia, generosum illud franco portuum

ports francs, appliqué à l'Algérie, peut l'enlever un jour à la France, dont la marine ne saurait lutter contre la marine américaine et surtout contre la marine de l'Angleterre, notre ennemie naturelle et permanente, sinon par les armes, du moins par son esprit et sa politique.

PROPRIÉTÉ EN ALGÉRIE.

177. Elle est inviolable et sacrée comme la propriété en France. Le colon et l'Arabe, tous deux propriétaires, fraternisent sur le même sol où l'un est né, où l'autre a pris racine. Les principes du droit naturel et social aussi, bien que les intérêts du commerce et de l'industrie, ont assuré en Algérie, par le bienfait d'une colonisation pacifique et féconde, plus puissante que le sabre, sous l'autorité du gouvernement et la protection de l'administration, la propriété du territoire civil et militaire au Français et à l'indigène.

178. Les *ports francs* peuvent séparer l'Algérie de la métropole, comme le système colonial anglais a coûté l'Amérique à la mère-patrie, comme le système colonial français a déjà coûté le Canada à la France.

179. Que le régime des colonies suive les pha-

propositum, si Algeriæ applicetur, hanc Galliæ eripere potest, cujus nautica vis americanæ et præsertim Anglorum viribus impar est, qui Gallorum hostes nascuntur et manent, sin armis, at saltem semper constitutione sua et politia dimicando.

DE FUNDIS IN ALGERIA

177. Inviolata stat in Algeria æque ac in Gallia possessio. Colonus et Arabs, uterque fundi possessor in eodem solo ubi natus est alter, alter radices egit, conjuncti cohærent. Ex naturæ et societatis juris principio et vi commercii atque industriæ, in colonia artibus pacis plus quam belli vigente, sub politiæ et administrationis tutela, civilis ac militaris territorii possessio gallis indigenæque pariter asseritur.

178. Franco portubus Algeria Galliæ potest eripi, ut colonica constitutione America anglis, gallis quoque jam Canada ablata fuit.

179. Colonica educatio viriles subeat vices; hominem nascentem, crescentem, adultum colonia

ses de l'éducation de l'homme, que leur traitement varie d'après leur âge et leur croissance, que leurs lois se règlent sur la marche de la nature qui n'agit jamais par soubresauts[1].

180. Ainsi point de révolution soudaine dans les colonies, point d'affranchissement subit et violent des esclaves, point de suppression d'impôt brusque et précipitée, mais un régime doux et qui concilie les lois de l'humanité avec les besoins de la mère-patrie.

181. Qu'elle dirige et surveille sa fille, qui de son côté fera mieux juger du gouvernement de la métropole, dont les traits se réflètent grossis et plus saillants dans la colonie, et que, par un heureux échange dont l'homme a donné souvent l'exemple, celle-ci rende à son tour à sa mère affaiblie par l'âge la vie et la santé qu'elle en a reçues.

DROIT INTERNATIONAL.

182. Le Conseil d'État, par son organe, la section de législation, intervient dans les questions de droit international qui lui sont renvoyées par le ministre des affaires étrangères. Cette section pro-

---

[1] Non saltus natura facit. LUCRÈCE.

sequatur. Hujus leges sint instar naturæ quæ non *saltus facit.*

180. Nihil igitur in coloniis repente novum; ne subito in libertatem vindicentur servi, nec protinus vectigal aboleatur. Contra miti quodam ac temperato moderamine tractentur coloniæ, quod humanitatis leges cum primariæ patriæ necessitatibus conciliet.

181. Hæc filiam observet ac dirigat, a qua melius discitur quo modo domi publica res se habeat, cum patriæ lineamenta vividius expressa colonia præ se ferat. Filia autem, alma nutrix, quod etiam inter homines contigit, matri, et ipsa genitrix, senescenti vitam cum lacte suppeditet.

DE DIPLOMATICO JURE.

182. Concilium imperii per sectionem suam legum condendarum artificem, de qualibet diplomatici juris quæstione ipsi ab externarum rerum curatore æque ac de cæteris quæ ad nostrates foris spectant, delatis, cognoscit.

nonce sur les intérêts des nationaux dans une matière quelconque.

NATURALISATION.

171. L'administration, en statuant par l'intermédiaire du Conseil d'État sur les deux sortes de naturalisation qui existent indépendamment de la grande naturalisation, l'*ordinaire* et l'*exceptionnelle*, exerce une juridiction du droit public.

CONSULATS. — CONSULS.

172. Les consuls exercent des fonctions multiples. Elles sont à la fois civiles, judiciaires et commerciales. Ils y joignent une compétence administrative qui consiste dans la délivrance des passeports et la légalisation des actes émanés des autorités des pays qu'ils habitent.

PASSEPORTS.

173. La législation des passeports se règle sur la situation du pays. Dans les époques de crise intérieure ou de guerre étrangère, la surveillance ne doit reculer devant aucun moyen. Dans les temps calmes elle s'exerce d'une manière insensible, et comme à l'insu de ceux qui en sont l'ob-

DE CIVITATIS JURE IMPETRANDO.

171. Administratio per concilium imperii, de impetrando utriusque scilicet communis et exceptionis civitatis jure, quæ præter maximam extat, statuendo, publici juris juridictionem exercet.

DE CONSULARI OFFICIO.

172. Consulibus multiplex est munus; civile scilicet, judiciale et ad commercium pertinens. Præterea administrationis vim habent, dum transeundi chartas peregrinantibus tradunt, publicaque acta in ea quam incolunt regione edicta legali sua muniunt auctoritate.

DE TRANSEUNDI CHARTA.

173. Hæc in civitate bene morata publicæ securitatis vices sequitur.

Cum de imperii salute agatur, si domi seditio imminet externumve bellum foris ingruit, vigilanter cavendum est *nequid civitas detrimenti capiat*. Si pax est, ne diutius nimis curiose inquirat poli-

jet. Des recherches inquisitoriales, non justifiées par la nécessité, entraveraient la liberté individuelle, gêneraient les mouvements du commerce et de l'industrie, et jetteraient dans les esprits un trouble, une anxiété continuelles.

ÉCONOMIE ADMINISTRATIVE.

174. Un principe général d'économie politique applicable à l'administration comme à tous les intérêts matériels, publics ou particuliers, c'est le proverbe : *Ce qui n'est point nécessaire, coûte toujours trop.*

ADMINISTRATION FINANCIÈRE.

175. L'histoire de l'administration financière d'un pays est presque celle du pays lui-même. L'administration des Sully, des Colbert, des Seignelay, et plus tard de leurs successeurs moins heureux, moins habiles ou moins intègres, est l'histoire de la France elle-même.

176. Le désordre dans les finances est presque irrémédiable, ou l'unique remède efficace serait, nous l'avons dit, l'excès du revenu sur la dépense. Autrement chaque nouveau système d'amélioration est du désordre dans le désordre même. L'économie vient trop tard quand tout est dépensé.

tia ; sin aliter, libertati singulorum obstat, meantis commercii transitum impedit, et molestiam, curam et incommodum omnibus importat.

DE SUMPTIBUS IN RE ADMINISTRANDA PARCENDO.

174. Politiæ œconomiæ commune principium quod ad administrationem æque ac publicas et privatas res pertinet, hoc est proverbium : *Quod non opus est, nimis constat.*

DE FISCALI ADMINISTRATIONE.

175. Fiscalis administrationis populi historia et populi ipsius fere eadem est. Sully, Colberti atque aliorum ministrorum aut quæstorum qui minus felices, minus periti minusve probi eis successerunt, historia eadem est quæ Galliæ.

176. Quum ære alieno obrutum sit publicum ærarium, nullum remedium efficax adest, nisi accepti ratio impenso præstet. Alioquin, quidquid novum medicinæ experimentum reperiatur, malum in pejus ruit. Parcitur serius, quum jam omnia impensa sint atque exhausta [1].

[1] Sera in fundo parcimonia. SENECA.

COUR DES COMPTES.

177. La Cour des comptes embrasse dans sa juridiction la comptabilité nationale, celle des départements, des communes, des établissements publics et des colonies.

178. Elle juge le fait du comptable, mais non celui de l'administration, n'ayant point de juridiction directe sur les ordonnateurs.

179. Les irrégularités qu'elle signale dans l'apurement des comptes et la gestion du comptable sont recueillies et constatées dans le rapport annuel.

180. Cette Cour a une compétence éminemment administrative, et n'a d'attributions civiles que pour les priviléges et hypothèques sur les immeubles des comptables.

RICHESSE PUBLIQUE.

181. Ce n'est qu'une portion de la richesse particulière remise aux mains du gouvernement. La richesse publique est la mesure de la richesse privée. Elles s'accroissent et s'alimentent l'une par l'autre.

RICHESSE PUBLIQUE OU REVENUS.

182. La richesse publique est la redevance per-

DE COMPUTATIONUM CURIA.

177. Computationum curia intra juridictionem suam totius imperii, provinciarum, juridictionum, publicarum institutionum et coloniarum computationem amplectitur

178. De computatoribus ærario præpositis, non de administratione, judicat, ut ab illis qui pecuniam publicam solvendam imperant, est aliena.

179. Quidquid in solvendo delictum fuerit colligitur et in annuo relatu consignatur.

180. Illa de administrationis actis præcipue cognoscit, vixque in jus civile se intrudit, nisi de privilegiis et oppigneratis fundis computatorum agatur.

DE PUBLICA FORTUNA.

181. Ea tantum est pars privatæ fortunæ ad publicam translata. Quo major imperii fortuna, eo major civium; altera alteram auget atque alit.

DE PUBLICA FORTUNA AUT REDITU.

182. Publica fortuna est quasi decima pars ex

que, au moyen de l'impôt, sur les trois grandes sources de la richesse privée, sur les trois classes de producteurs par excellence : les propriétaires fonciers, les capitalistes et les travailleurs.

RICHESSE NATIONALE.

183. La valeur de la richesse nationale est la richesse elle-même, comme la valeur de l'or est l'or lui-même. Que de millions détournés de leur source et perdus par des administrateurs qui ont ignoré cette vérité élémentaire, que tout ce qui procure l'argent, équivaut à l'argent lui-même! ORO È CHE ORO VALE.

CONDITION DE LA PROSPÉRITÉ PUBLIQUE.

184. La prospérité publique, c'est-à-dire la plus grande somme de bonheur possible pour un peuple, est soumise à deux conditions simples, mais souveraines : une administration et un gouvernement forts qui maintiennent l'ordre partout et fassent respecter la loi; une nation éclairée dans sa classe supérieure, honnête et industrieuse dans sa classe inférieure, libre dans les deux.

tribus illis privatarum fortunarum fontibus, excellentibus scilicet productoribus, id est, ex fundorum possessoribus, possessoribus nummorum et operariis, potenti vectigalium vehiculo, percepta.

DE FORTUNIS PUBLICIS.

183. Publicarum fortunarum pretium fortunis ipsis respondet, ut auri pretium aurum ipsum est. Quot divitiarum illarum millia ex fontibus suis detorta atque pessumdata omni ætate in imperitorum administrorum manibus perierunt, quod hi neglexerunt hoc præceptum aut ignoraverunt : nempe, quidquid pecuniam parit vel pecunia paritur pecuniæ ipsi respondere ! ORO È CHE ORO VALE.

DE PUBLICÆ PROSPERITATIS CONDITIONE.

184. Hæc duplex est publicæ, quantacumque populo humanitus contingat, prosperitatis pariendæ simplex sed efficax conditio, atque acerrima vis : nempe si administratio publicæ securitatis ac legum custos rem fortiter et strenue gerat, si populus in ordine superiore sapiat, laboret in inferiore, et in utroque honeste libereque vivat.

BUDGET.

185. Le trésor est l'âme de l'État, le budget, le nerf du gouvernement. Celui-ci révèle statistiquement et règle les sacrifices demandés au patriotisme national, fixe les dépenses réclamées par les besoins de l'administration et détermine les ressources destinées à y satisfaire.

La loi du budget est essentiellement la loi d'économie politique, élaborée rigoureusement et analysée par le Conseil d'État, épurée dans le sein du Corps législatif, dont le vote est soumis au Sénat, et enfin sanctionnée par le chef de l'Empire.

CRÉDIT PUBLIC.

186. Le crédit public comme le crédit particulier [1] est essentiellement variable.

DETTE PUBLIQUE.

187. La *dette publique* s'est formée et s'accroît par les emprunts que l'État a contractés et

[1] Le débiteur qui est l'État, reste, à vrai dire, toujours le même ; mais ce débiteur paraît plus ou moins solvable, suivant la situation politique ou financière du pays. En outre, la rente est

DE IMPENSI ET ACCEPTI RATIONE.

185. Publicum ærarium imperii est vis et animus; impensi autem et accepti computatio publicæ rei nervus. Hæc quidquid a civibus in commodum patriæ quotannis requiritur enudat et constituit, eademque eas sancit impensas quæ administrationis necessitatibus imperentur et pariter subsidia unde illis satisfiat.

Lex impensi et accepti suprema est, quam a Concilio Imperii accurate elaboratam, emendatam a legislatoribus senatuique suffraganti delatam, princeps ad extremum sigillo consecrat.

DE PUBLICA FIDE.

186. Publica fides, æque ac privata, varias ex variis causis vices subit.

DE PUBLICI ÆRARII ÆRE ALIENO.

187. Publicum debitum ex mutuando constitit semperque crevit, quotiescumque civitas extra-

---

une valeur qui, comme toutes les autres valeurs, subit la loi de l'offre et de la demande.

contracte encore pour faire face à des dépenses extraordinaires auxquelles il ne saurait suffire avec ses propres ressources.

Il se libère de sa *dette inscrite* par le double moyen de l'amortissement et du remboursement, dont le principe est formellement exprimé dans la loi du 24 août 1793, créatrice du grand-livre.

DETTE NATIONALE.

188. L'accroissement du revenu et la diminution des dépenses sont les seuls moyens qui puissent augmenter la richesse du trésor et en faciliter les opérations. C'est seulement par l'excédant de la recette sur la dépense qu'une partie de la dette publique peut être acquittée. Toute autre combinaison est un mensonge qui ne trompe plus personne.

RENTES.

189. C'est un principe d'équité que, si les créanciers de l'État peuvent mettre à profit les crises financières et les phases de prospérité pour accroître leur capital et leur revenu, l'État lui-

ordinariis impensis solvendis impar, pecunia indiget.

Illa se debito exonerat sive pecuniam cumulando sive dissolvendo, ut lege 1793, magni codicis vulgo dicti *grand-livre*, creatrice, præscriptum est.

DE PUBLICO DEBITO.

188. Crescente reditu solum et decrescente impenso, ærarium crescit et negotia bene gerit. Si acceptum impenso præstiterit, hoc unum omnino est, quo publici debiti pars solvi possit. Quæcumque alia adulterina ratio tam apertum mendacium patet ut neminem fallat.

DE ANNUO PECUNIÆ A CIVITATE DEBITÆ REDITU.

189. Inter omnes constat, ut, quemadmodum civitatis creditoribus licet res angustas prosperasve et annui reditus vices lucro apponere, sic et expediat ut civitas debitrix pro publica utilitate sua

même, c'est-à dire le débiteur, a le droit de se libérer dès qu'il y trouve son avantage, ou de réduire le taux de l'intérêt de la rente.

PENSIONS.

190. La loi qui interdit le cumul de deux pensions, exprime tacitement qu'une seule doit suffire à l'existence au moins matérielle du pensionnaire de l'État. Par quelle contradiction inhumaine, fondée sur le principe qu'il faut ménager la richesse publique, souvent le citoyen auquel une seule pension est accordée, n'y trouve qu'une ressource insuffisante?

AGIOTAGE.

191. Entre plusieurs abus que l'administration tolère par routine ou par impuissance, il en est un flagrant, immoral et pernicieux : je veux parler de l'agiotage, qui se livre à ses excès au siége même du crédit public, c'est-à-dire, à la Bourse.

LA BANQUE DE FRANCE.

192. La banque de France est le *crédit personnifié*, auquel s'adressent avec confiance comme à un associé fidèle et à un prêteur probe et désinté-

debita jure dissolvat, vel annui reditus pretium elevet.

DE PENSIONIBUS.

190. Lex qua duarum pensionum cumulus prohibetur tacite significat unam victui saltem mercenarii sufficere. Qua inhumana contradictione, in illo principio innixa, ut publicæ fortunæ parcendum sit, mercenarius cui una conceditur, vitam precariam vix trahit?

DE SORTIBUS PECUNIARIIS NEGOTIANDO.

191. Quum plurima illicita impune esse sinat administratio quæ consuetudinis æstus absorbet aut rationum prohibendi inopia tuetur, pernicioso cuidam et maxime improbo connivet, quod ex fide publica profectum, in byrsa, ipsa ejus sede, furit.

DE ARGENTARIA GALLORUM TABERNA.

192. Argentaria Gallorum taberna est quasi animata et figurata fides, ad quam ut ad fidelem commercii consortem et ad probum integrumque

ressé, le banquier, le manufacturier et le commerçant. Le gouvernement trouve en elle un puissant auxiliaire, dont les ressources aident le trésor public dans les moments de crise financière, ou pour de vastes opérations d'un intérêt national.

LA BANQUE.

193. La banque est une de ces institutions qui ne peuvent vivre et prospérer que par le *crédit* et la *confiance publique :* aussi les principes en doivent être précis, les règles claires et à la portée du bon sens populaire. Ce sont les statuts de la banque qui forment la base de son administration et présentent dans un ordre lumineux et une disposition appropriée à ses besoins, la *règle de ses devoirs*, la *volonté des lois* et les *formes établies pour l'exécution de ses propres statuts.*

MONNAIE [1].

194. La législation monétaire a pour objet de fixer la valeur des monnaies. La substance inaltérable et la qualité des deux métaux qui entrent

---

[1] *Monere.* Elle indique et porte sa valeur intrinsèque avec son poids, son empreinte et son signe. C'est toute l'histoire des temps et des lieux où elle a été frappée.

creditorem fabricator, mercator argentariusque fidenter confugiunt. Hanc potentem auxiliariam politia experitur, cujus subsidia publico ærario in rebus angustis subveniunt vel ad magnas res quæ ad publicum commodum pertinent, perficiendas, magnopere conferunt.

DE PECUNIA IN PUBLICAM FIDEM DEPOSITA.

193. Hæc est ejus generis institutio ut publica solum fide vigeat et prospere geratur. Hujus igitur principia sint lucide explicata, regulæque clare descriptæ in promptu omnibus pateant. Instituti ipsius statuta ejus administrandæ fundamenta stant, ita ut recto ordine et apta sibimet ipsi dispositione, quidquid desideret, officiorum suorum normam, voluntatem legum formasque exequendorum sui ipsius statutorum præ se ferant.

DE MONETA.

194. In hunc finem leges monetæ (*nummariæ*), sunt institutæ ut quanti valeant nummi constituant. Quod autem certis mensuris constitui licet per materiam ipsam duplicis ex quo conflantur metalli, cum leges hanc certam et definitam vim in typo immoto cudant, qui inter omnes, qua patet mun-

dans sa composition, permettent à la législation d'assurer cette fixité en l'établissant sur un type invariable, reconnu dans tous les coins du globe; et au commerce, d'employer ces deux gages matériels à multiplier les échanges.

195. La monnaie sert de mesure aux valeurs commerciales et est l'instrument et le médiateur des échanges, qui se produisent sous les formes et les noms divers d'emprunts, de marchés et d'escomptes. Elle joue dans ces combinaisons et ces calculs un rôle considérable et s'identifie à ces opérations comme si elle était elle-même la matière du contrat, dont elle n'est que le prix ou l'enjeu. La monnaie est la base du crédit public qu'elle personnifie, et le fondement de la richesse nationale qu'elle constitue quand la propriété foncière se transforme en espèces monétaires.

196. La monnaie réelle a une monnaie représentative, un délégué : c'est le *papier*, qui est plus portatif et plus tôt compté que le numéraire. Il facilite les opérations des banques de circulation en multipliant les échanges. Or, ce sont les échanges eux-mêmes qui vivifient le commerce et soutiennent la force productrice et féconde de l'agriculture, du commerce, des manufactures et des

dus, constat, et commercium hoc duplex signum in mutandis inter se mercibus adhibeat.

195. Moneta commercii pretium metitur et instrumentum est ac vis agens mutationum quæ sive mutuando ac mercando, sive de pecunia summam detrahendo fiunt. In quibus computationum vicibus plurimum valet, illisque ita adhæret, ut pacti cujusvis, cum sit duntaxat pretium, materia ipsa esse videatur. Publicæ fidei moneta est fundamentum, necnon publicæ fortunæ, quam constituit, quum fundus in nummos mutatus evadat

196. Moneta ipsa altera quasi sui ipsius vicaria et delegata repræsentatur : charta scilicet, quæ facilius vehitur ac citius numeratur quam nummi, quippe qua melius eant, mutationes multiplicando, pecuniarum officinæ; his autem mutationibus commercium ipsum alitur, et illa vis pariendi quæ inest in agricultura, commercio, fabricis et artibus, sustentatur. Moneta res solvit; charta pro-

arts. La monnaie opère le paiement ; le papier le promet. Le papier est le supplément de l'espèce ; il en est aussi la caution. Ce papier est revêtu de trois caractères : l'*époque fixée du paiement*, l'*espèce de valeurs promises* et leur *quantité*. L'observation de ces trois conditions est la base sur laquelle repose la confiance, et le timbre officiellement reconnu en est le signe sacramentel.

197. Les banques de *dépôt* sont une branche de la législation monétaire. En regard des banques de circulation qui ont pour but le mouvement du numéraire, les banques de dépôt ont été créées dans l'intérêt du commerce, afin de remédier aux variations des monnaies et à la dégradation matérielle des espèces. Leur monnaie de compte est représentée par un poids déterminé, et la monnaie courante n'y est reçue que pour son poids effectif et réel. Elles ne prêtent point : elles reçoivent ; elles ne multiplient point, comme les banques de circulation, la valeur des monnaies : elles la fixent. Par cette fixation, elles ont fait de toutes les places qui ont une *banque de dépôt* un centre de grand commerce.

FABRICATION DES MÉDAILLES.

198. C'est le signe monétaire qui atteste l'au-

mittit; nummum supplet, quasi vicaria testis et vadimonium. Hujus chartæ triplex dos est et signum, quando scilicet æs solvetur, quale et quanti valet promissum. Si hæc tria observantur, hoc est fidei fundamentum; præterea signo gallico huic inusto comprobatur et quasi consecratur.

197. Tabernæ aut officinæ ubi deponuntur nummi nummariarum legum sunt quidem pars. Contra quam meandi officinæ ad movendam pecuniam valent, hæ autem quoque valent ad hoc commercii commodum, ut vicibus monetæ, nummisque eundo pereuntibus medeantur. Computationis moneta certo quidem pondere repræsentatur, et currens moneta tantum pro pondere ipso accipitur. Illæ non locant aut fœnerant, accipiunt. Haud multiplicant, ut meandi officinæ, monetæ pretium; constituunt. Quo constituto, quæque commercii sedes, ubi nummi deponuntur, commercio maxime actuoso magnopere valet.

DE NUMISMATIBUS CUDENDIS.

198. Numismatis signum numisma testatur.

thenticité de la médaille. Pour la protéger et l'assurer, l'administration veut qu'elle soit fabriquée et frappée dans l'atelier seul de la monnaie, et jamais sans l'autorisation et le concours des ministres de l'intérieur et des travaux publics.

FABRICATION DES OUVRAGES EN OR ET EN ARGENT.

199. Le poinçon insculpté sur ces objets, le titre et l'indication de la quantité de la matière, sont les trois conditions de leur fabrication et de leur vente.

DE L'IMPÔT.

200. L'impôt, commandé autrefois par la seule volonté du maître de l'État, était forcé, antipathique et odieux à la nation. Aujourd'hui celle-ci l'accepte comme raisonnable, utile et salutaire. Ce n'est plus le prince qui le frappe. C'est la France elle-même qui s'impose.

201. Malgré la nécessité de l'impôt qui fait vivre l'État et les serviteurs de l'État, il doit être contenu dans les plus justes limites. Le plus léger est le meilleur, et encore, si léger qu'il soit, peut-il, s'il n'est point judicieux, arrêter les moyens de jouir et d'accumuler, et affecter la fortune des

Quod ut asseratur protegaturque, administratio illud in sola monetæ officina, non nisi utroque rerum domesticarum et publicorum operum curatore, permittente, fabricari et cudi jubet.

DE AUREIS ET ARGENTEIS OPERIBUS FABRICANDIS.

199. His insculptæ terebræ signum, materiæ titulus et quanta hujus copia sit, indicatio; hæc tria ad ea fabricanda et vendenda pariter et necessarie conferunt.

DE VECTIGALE.

200. Quod principi olim ex subditis suo nutu solum et arbitrio exigere placebat, cum abhorrentium omnium invidia, vectigal, nunc acceptum, ut rationi et consilio consentaneum, ad publicamque utilitatem redundans, ab omnibus penditur. Hoc jam non unus imperat Gallis; Galli autem, sibi volentes.

201. Quantumvis necessarium sit vectigal, quo civitas et quicumque civitati operam navant, aluntur, intra justos fines circumscribendum est. Optimum quidem est levissimum, quod tamen in fruendi et coacervandi facultatem, civiumque fortunas, sive fundum reditumve, ex quibus potis-

contribuables dans leur capital et leur revenu, qui sont les deux sources vitales de l'impôt.

Il est certain d'ailleurs qu'un impôt judicieusement appliqué, s'il ne se fait pas trop sentir, améliore l'industrie et n'est que rarement nuisible au développement du capital. Dans ces conditions, il a pour effet de diminuer les dépenses, d'encourager le travail et de produire plus de richesse qu'il n'en absorbe.

VOTE DE L'IMPÔT[1].

202. Le Corps législatif doit voter l'impôt, mais non les dépenses ni l'emploi des fonds. Agir autrement, ce serait déplacer l'administration et la transporter dans les Chambres.

---

[1] J'emprunte au savant M. de Tocqueville une note anecdotique sur l'impôt :

Arthur Young, en 1789, traversant la France au milieu des premiers symptômes de la Révolution, est arrêté dans un village par une bande d'insurgés qui, le voyant sans cocarde, vont le conduire en prison. Ne perdant pas sa présence d'esprit, malgré son jargon français, il leur adresse ce petit *speech :*

« Messieurs, les impôts, dit-on, doivent être payés comme par « le passé. Les impôts doivent être payés sans doute, mais non « comme par le passé. Il faut les payer comme en Angleterre. « Nous avons beaucoup de taxes que vous n'avez point, mais le « tiers-état, le peuple ne les paie pas. Elles ne portent que sur le « riche. Chez nous chaque fenêtre paie; mais celui qui n'a que « 6 fenêtres à sa maison ne paie rien. Le seigneur paie les ving-

simum derivatur vectigal, vim suam et imperium exercet.

Constat nihilominus sapienti quadam vectigalis exigendi ratione, si non nimium sit, industriam et rei gerendæ modum meliora fieri, et fortunarum fundum raro decrescere. Quæ cum ita sint, hanc vim habet ut expensum levet, laborem incitet, plusque divitiarum importet quam exhauriat.

DE VECTIGALE A LEGUM LATORIBUS SANCIENDO.

202. Legum legatores vectigal, non vectigalis usum sanciunto. Etenim, si secus esset, administrationem ex suo proprio loco evulsam ad se transferrent.

« tièmes et les tailles; mais le petit propriétaire d'un jardin ne « paie rien. Le riche paie pour ses chevaux, ses voitures, ses va- « lets; il paie même pour avoir la liberté de tirer ses perdrix. Le « petit propriétaire reste étranger à ces taxes. Bien plus! nous « avons une taxe que paie le riche pour secourir le pauvre. Donc « il faut continuer à payer des taxes; il faut les payer autrement. « La méthode anglaise vaut bien mieux. »

« Comme mon mauvais français, ajoute Young, allait de pair avec leur patois, ils m'entendirent très-bien; il n'y eut pas un mot de ce discours auquel ils ne donnassent leur approbation, et ils pensèrent que je pouvais être un brave homme, ce que je confirmai en criant : Vive le *Tiers*. Ils me laissèrent alors passer avec un hourra. (*L'Ancien Régime et la Révolution*)

CADASTRE [1].

203. Le cadastre ou enregistrement des terres, nécessité par l'inégalité du nouveau système d'impôt, qui lui-même a remplacé les abus et les priviléges de l'ancien régime, a pour but d'apprécier l'étendue et la valeur de chaque parcelle de terrain, afin d'asseoir l'impôt foncier avec la plus grande égalité possible.

IMPÔT DIRECT.

204. La propriété foncière ou immobilière en est la base la plus naturelle et la plus accessible aux agents du fisc. L'agriculture, qui en est la source par excellence, est la *mamelle* de l'État, qu'une sage administration doit ménager et prendre garde de jamais tarir. Remplir les greniers d'abondance pendant les sept années de fertilité pour remédier aux sept années de disette est le premier principe d'économie politique et de gestion administrative.

CONTRIBUTION MOBILIÈRE.

205. La contribution mobilière, imposée en

---

[1] Captastrum. Imposition sur les têtes avant d'être une imposition sur les biens.

DE FUNDO PUBLICIS COMMENTARIIS CONSIGNATO.

203. Ex territorio publicis commentariis consignato, ut posterior vectigalis ratio inæqualis erat, priorque privilegiis et injuria flagrabat, ita fit ut quantum pateat et quanti quisque fundus ac quæque terræ pars minutim dissecta valeat, accurate æstimetur.

DE DIRECTO TRIBUTO.

204. Ut in fundo innititur, naturale est hoc vectigal et fisci exactoribus facillimum. Agricultura ex qua, ut ex uberrimo fonte derivatur, civitatis est *mamma*, cui est rectæ administrationis parcere, nedum exhauriatur.

In horrea omnem frugum abundantiam, per *septem annorum fertilitatem*, congerere, ut *septem annorum sterilitati* subveniat, est primum politiæ œconomiæ et prudentis administrationis principium et lex.

DE RERUM MOBILIUM VECTIGALE.

205. Rerum mobilium vectigal ad id institutum est ut fundi vectigal allevaret. Ex domuum locatione habitatoribus incubuit, dum illi quibus ex

France en 1791 par l'Assemblée constituante sur la propriété mobilière, a été destinée à soulager la propriété foncière. Elle fut assise sur les habitants des maisons en proportion de leurs loyers, pendant que les individus qui tiraient leurs revenus en tout ou en partie de la terre en furent totalement ou partiellement exempts.

L'impôt proportionné au loyer des maisons n'a pas l'inconvénient de l'impôt proportionné au revenu foncier, qui entrave l'amélioration de l'agriculture, puisque plus la terre produit, plus elle est imposée.

IMPÔT PERSONNEL ET MOBILIER.

206. La taxe personnelle porte sur les personnes et produit une somme fixée d'avance.

La taxe mobilière est proportionnée au loyer de l'habitation personnelle.

Ce double système a remplacé efficacement une foule de taxes somptuaires d'une exécution difficile et d'un produit presque nul. Il a pu atteindre le riche capitaliste, cet habile Protée, dont la fortune en portefeuille n'offrait aucune forme saisissable aux agents du fisc.

toto aut partim suus redibat fundus, hujus vectigalis ex toto aut partim immunes evaserant.

Vectigal cum proportione domuum locationis exactum non peccat ut fundi vectigal, quo agricultura impeditur, quod terra eo graviore vectigale afficitur, quo fert abundantius.

DE VECTIGALE EX PERSONA ET RE MOBILI EXIGENDO.

206. *Personæ* incumbit hoc vectigal et præconstitutam pecuniæ summam parit.

In re mobili, cum pretio habitationis proportio congruit.

Hic duplex vectigalis exigendi modus ista sumptuaria tributa difficilis usus nulliusque pene reditus efficaciter supplet. Nummorum plurimorum possessor, cujus res quasi penitus recondita antea fiscum omnino fallebat, vigente hac regula, facile attingitur.

IMPÔT DES PORTES ET FENÊTRES.

207. Cet impôt est conforme aux principes de l'égalité proportionnelle. Il accuse l'importance du logement et tout à la fois la fortune de celui qui l'occupe.

Son objet est d'atteindre la fortune mobilière, et l'assiette en est facile, puisqu'elle se mesure aux ouvertures de la maison.

IMPÔT SUR LE REVENU.

208. Réaliser pour l'État le plus fort revenu avec le moins de gêne pour le contribuable, tel est le problème qui est encore à résoudre. Mais rien n'est si délicat qu'une pareille matière. Les opérations financières ressemblent aux opérations de la chirurgie ; le moindre tâtonnement est funeste, la moindre erreur irréparable.

IMPÔT SOMPTUAIRE.

209. Il est en général pernicieux et improductif.

Il pèse naturellement sur les riches, qui peuvent mais qui ne veulent pas le payer. Il a pour effet de

DE PORTARUM ET FENESTRARUM VECTIGALE.

207. Hoc vectigal cum æqualitatis et proportionis principiis congruit. Qualis sit ædes et pariter quanti valeat qui in illa habitat, testatur ac denunciat.

Ad id spectat ut mobiles fortunas attingat; ejus exigendi facilis est modus, cum ex domus aperturis patentibus æstimetur.

DE PUBLICI ET ANNUI REDITUS VECTIGALE.

208. Quomodo et optime ad fiscum pecunia redeat, et qui solvunt vectigale cives minime vexentur, nunc etiam ambigitur; et tam ex ratione fiscali quam ex re ipsa successus pendet. In re vectigalium, ut in chirurgia experiri, periculosum, et, si vel minima res tentatur et male efficitur, perniciosa est.

DE SUMPTUARIO VECTIGALE.

209. Hoc vectigal plerumque nocet aut vix quidquam lucri parit.

Divitibus qui illud solvere valent sed sæpe nolunt, incumbit. Rei vectigali obnoxiæ usum tollere

détruire ou de diminuer l'usage de l'article de luxe imposé, et il en résulte que le produit de l'impôt se réduit à très-peu de chose ou même devient nul.

DROIT D'OCTROI SUR LES SPIRITUEUX.

210. L'impôt mis sur le vice est le meilleur des impôts; il enrichit le trésor public et ménage l'argent du pauvre; il est à la fois très-utile et très-moral.

PATENTE.

211. C'est l'industriel, dans toute l'extension de ce terme générique, qui paie ce droit à l'État, aux charges duquel il est juste qu'il contribue, comme les propriétés foncière et mobilière.

Le droit de patente se divise en droit fixe réglé par le tarif, et qui varie suivant la population de la commune et la nature de la profession, et en droit proportionnel qui se règle et se mesure sur le loyer.

La combinaison de ces deux droits est le principe équitable et la base rationnelle de cette partie de notre législation fiscale. Le droit fixe sans le

vel levare solet; ideo vectigal reditus minimi aut nullius est.

DE POTIONUM ARDENTIBUS AQUIS MIXTARUM VECTIGALE.

210. Optima est vectigalium ratio quæ vitiis oneri sunt, ac, dum fisco haud mediocre lucrum quotannis afferunt, pauperum rei parcunt. Hæc, cum sint utilia fisco, publicis præterea moribus mirifice congruunt.

DE DIPLOMATE VULGO DICTO *Patente.*

211. Hoc vectigal solvit quicumque artem ad industriam pertinentem exercet, cum industriam ipsam æque ac fundum et rem mobilem ad civitatis impensa conferre expediat.

Diplomatis vectigal dividitur in *constitutum*, quod censu æstimatur et pro numero civium artisque genere varias subit vices, et in vectigal *cum proportione*, quod ex habitationis pretio constituitur.

Utriusque vectigalis conjunctio hujus legis æquum est et rationale principium. *Constitutum* enim *vectigal* sine *vectigale cum proportione* ob-

droit proportionnel frapperait aveuglément et indistinctement tous les patentés exerçant la même profession dans la même commune; le droit proportionnel sans le droit fixe aurait des effets non moins injustes. Une profession lucrative n'exige qu'un local peu étendu; une autre peu productive s'exerce dans des locaux spacieux. Par la réunion de ces deux droits, l'un devient le correctif de l'autre.

CONTRIBUTIONS INDIRECTES.

212. Cet impôt frappe le produit d'une branche industrielle, devenu un objet de consommation (octroi). L'État lui-même, pour mieux le percevoir et en tirer des bénéfices considérables, se fait producteur ou fabricant dans certaines industries dont il a le monopole, ou qu'il exploite par un droit de licence et en vertu d'un pouvoir discrétionnaire [1].

SEL.

213. L'usage indispensable de cette substance en a fait un objet d'impôt et une source importante

[1] Cartes à jouer, sucre, sel, tabac, poudre à tirer.

noxium quemque tributo, eamdem artem in eadem juridictione profitentem temere afficeret; cum *proportione* autem *vectigal* sine altero haud minus noceret. Ars alia multum lucri afferens in angusto loco; parvi lucri alia in spatioso exercetur. Utrumque vectigal conjunctum se invicem corrigit.

DE INDIRECTO VECTIGALE.

212. Quod vectigal quidquid industria gignit in usumque communem vertitur afficit. Quo melius hoc et utilius exigatur, productrix aut artifex quorumdam industriæ generum, quæ sibimet ipsi licentius jure et suo arbitrio una fabricat ac gerit, fit ipsa civitas.

DE SALIS VECTIGALE.

213. Quod salis usus ad alimenta condienda maxime est necessarius, omni ætate, ex illo vecti-

de revenu. Cet impôt doit être modéré, fixe, perçu à la fabrication et ne gêner ni l'agriculture, ni les contribuables.

DROIT DE TIMBRE ET D'ENREGISTREMENT.

214. Le droit de timbre sur la vente et la translation des propriétés foncières est supporté par le vendeur qui est presque toujours dans la nécessité de vendre, et doit en conséquence accepter le prix qu'il peut trouver. L'acheteur, au contraire, qui n'est pas dans ce cas, donne le prix qu'il veut; il estime ce que la terre lui coûtera, tant pour le prix d'achat que pour les droits dus au gouvernement. Plus ces droits sont onéreux, moins il est disposé à élever son prix. Un tel impôt tombera donc, dans la plupart des cas, sur une personne nécessiteuse, et doit souvent être cruel et excessif.

Le droit de timbre sur la vente volontaire d'objets de luxe est payé par l'acheteur. Il faudrait, pour qu'il n'en fût pas ainsi, que ces objets, une fois le droit payé par le fabricant, ne fussent pas mis en vente.

DROIT D'HYPOTHÈQUE ET DE GREFFE.

215. Ce droit, perçu au profit du conservateur

gal magnum fonsque reditus ad fiscum uberrimus derivata sunt. Leve stabileque sit, in ipsa fabricationis officina exigatur, nec agriculturam nec cives ei obnoxios vexet aut impediat.

DE CHARTÆ VECTIGALE.

214. Signi venditorum et translatorum fundorum actis in tabulas relatis inusti vectigal in venditorem invitum cui pretium quodlibet accipiendum est, incidit. Contra emptor voluntarius quodvis pretii pendit. Quanti vectigalis pretiique constet fundus, æstimabit. Quo pluris pendet vectigalis, eo minus libens pretii solvet. Illud vectigal plerumque indigenti gravius incumbit.

Vectigal signi quo sumptuariarum rerum venditio notatur in emptorem incidit. Ne ita sit, has non venire postquam vectigal iis impositum fuerit, oportet.

DE VECTIGALE EX FUNDIS OPPIGNERATIS ET IN ACTA RELATIS EXACTO.

215. Quod thesauri æque ac conservatoris

comme dans l'intérêt du trésor, est moins un impôt fiscal qu'un salaire et une garantie pour la propriété.

IMPÔT SUR LA POSTE AUX LETTRES.

216. C'est l'impôt le plus insensible pour le peuple, et par conséquent le moins impopulaire. C'est l'un des moins gênants, puisque c'est le particulier qui le paie lui-même en appliquant un timbre sur la lettre qu'il expédie. En outre, l'accroissement du revenu que produit cet impôt, loin d'accuser l'accroissement d'un vice, annonce que l'instruction se répand chaque jour dans les masses ; il doit être encouragé, non-seulement dans un intérêt moral, mais encore dans l'intérêt purement financier de l'administration.

POSTE.

217. La poste a, de nos jours, une double destination d'intérêt public et d'intérêt fiscal, sous le patronage et la direction du gouvernement, qui a monopolisé et régularisé ce réseau électrique de la communication des nations entre elles.

causa exactum minus est fisci vectigal, quam merces et fundi asserendi pignus.

DE MISSARUM EPISTOLARUM VECTIGALE.

216. Hoc vectigal populo levissime incumbit, ideoque popularibus est maxime acceptum, dum fisco plurimum pecuniæ affert. Civis ipse hoc vectigal quotidie volens solvit, vectigalis ipsius signum epistolæ suæ inurens. Præterea reditus ille fons per decies centena millia multiplicatus ac redundans magis vulgaris in dies artis, adeo non ignorantiæ crescentis, indicium est. Administrationis igitur máxime interest ut eum, non modo doctrinæ sed etiam fisci causa, foveat ac propaget.

DE VEREDARIORUM OFFICIO.

217. Veredariorum institutio in duplicem finem nunc ita constituta est ut, patrona et duce politia, quæ hanc celerem et fulmineam gentium inter se communicationem extendit, populo et fisco pariter eadem prosit.

CONTREBANDE.

218. Le vrai remède de la fraude, c'est de ne laisser aucun intérêt à frauder[1]. Il n'est donc qu'un moyen de supprimer la contrebande : c'est de proclamer la liberté du commerce international.

PRODUCTION.

219. L'État n'a pas moins d'intérêt à encourager la production que les particuliers à produire. S'il laisse décroître les revenus privés, il voit diminuer d'autant la part que l'impôt lui donne dans ces revenus.

PROPRIÉTÉ INDUSTRIELLE. — PROPRIÉTÉ LITTÉRAIRE.

220. La propriété industrielle est limitée, parce que toute invention est perfectible. La loi a voulu que la société pût jouir, dans un assez court délai, d'une découverte nouvelle, l'exploiter et la perfectionner.

Il en est autrement de la propriété littéraire.

---

[1] Turgot.

DE FRAUDULENTA MERCIUM INVECTIONE.

218. Fraus coercebitur, si nulla fraudandi causa suppetit ; id est, si ea quibus impeditur inter gentes commercium vincula solvantur.

DE INDUSTRIA PARIENTE.

219. Haud secus administrationis interest ut industriam ad pariendum incitet ac civis ut ipse pariat. Decrescente enim pariendi facultate et vi, pars quoque partus quæ civitati obtigit, minuitur.

DE INDUSTRIÆ AC LITTERARUM OPERUM POSSESSIONE.

220. Illa minus temporis durat ideoque circumscripta est, quod inventio ipsa perfecta fieri potest. Quam circumscribendo, industriæ et inventionis vim extendere lex vult, ut tota hominum societas eam lucro intra breve temporis spatium apponat et coævi certatim suis inventum aliquid numeris absolvant.

Hæc autem tamdiu quamdiu auctor ipse et

Elle se prolonge durant la vie de l'auteur et trente ans après sa mort. La raison de cette différence se conçoit sans peine.

Un chef-d'œuvre reste tel qu'il a été composé; il n'est susceptible d'aucun perfectionnement. Personne ne saurait donc trouver mauvais qu'un auteur de génie ait droit pour lui et les siens à une jouissance plus longue du fruit de son travail.

LA TERRE ET LE TRAVAIL.

221. Tous les produits nous viennent de la terre; mais la terre a besoin du travail de l'homme pour être féconde. La terre et le travail sont les deux sources de la richesse, et il n'y en a pas d'autres.

DIVISION DU TRAVAIL.

222. C'est le plus puissant instrument, c'est la source la plus féconde de prospérité; mais la division du travail est impossible sans l'échange commercial des produits de l'industrie. Plus ces échanges sont faciles, plus un peuple est laborieux.

etiam triginta annos post ejus obitum vivit. Cur litterarum operum possessio plus duret temporis quam industriæ operum facile intelligitur. Si quid enim opus mira arte scriptum fuerit, quale ab origine conceptum, tale permanet, nec ullo modo melius perfici potest. Itaque nemini iniquum videbitur, si ingenii præstantis auctor sibimet ac suis fructus laboris continuatos diutius percipiat.

DE TERRA ET LABORE.

221. Omnes ex terra opes nascuntur quæ solo hominum labore fecundatur. Ex terra et labore conjunctis, nec aliunde, divitiæ proficiscuntur atque efflorescunt.

DE LABORIS DIVISIONE.

222. Hæc summa opum est vis fonsque uberrimus; sed labor non dividi potest nisi mercando industriæ partus mutentur ; quo plus igitur mercandi auxilium suppetit, eo studiosior labori populus incumbit.

INDUSTRIE MANUFACTURIÈRE ET AGRICOLE.

223. Ces deux branches du travail de l'homme se servent d'appui l'une à l'autre et s'entr'aident merveilleusement; mais il ne faut pas que l'une absorbe l'autre.

INSTITUTIONS AGRICOLES, COMMERCIALES ET INDUSTRIELLES.

224. Les diverses branches de la richesse publique, placées sous la protection sociale, sont unies par un lien de communication entre les centres partiels d'exploitation et de production et le centre général d'activité, qui est dans le gouvernement, ou plutôt le constitue lui-même.

Ces institutions ont une organisation complexe, mais régulière, dont les ressorts sont: les chambres consultatives d'agriculture, les comices agricoles, les sociétés d'agriculture, les fermes-écoles, les chambres de commerce, les chambres consultatives des arts et manufactures, les conseils de prud'hommes.

MODES D'IMPORTATION ET D'EXPORTATION.

225. Il y a deux modes d'importation par mer

DE OPIFICIS ET AGRICULTURÆ INDUSTRIA.

223. Altera alteram fulcit, mirificeque adjuvat; sed alteram altera absorberi non expedit.

DE AGRICULTURÆ, COMMERCII ET INDUSTRIÆ INSTITUTIONIBUS.

224. Publicæ fortunæ diversæ partes, sub sociali tutela positæ, inter sejunctas laboris productionisque officinas et maximum operis ferventis focum, qui in politia inest, vel potius ex quo ipsa constat, multiplici communicationis vinculo consociatæ cohærent.

Hæ institutiones organa sua suasque habent regulas.

(Vide juxta technicarum artium in gallico texto nomina.)

DE MERCES INVEHENDI ET EXPORTANDI MODIS.

225. Mari et terra invehuntur merces. Cum

et par terre. Le *manifeste* ou état de chargement signé du capitaine, indiquant la nature de la cargaison et les marques et numéros des colis, est la condition *sine qua non* d'importation des marchandises par mer. Le transport par la route la plus directe au bureau d'entrée placé sur la frontière est la condition de leur importation par terre.

L'exportation, excepté celle avec primes, est libre par tous les bureaux frontières ou tous les ports indistinctement.

PONTS ET CHAUSSÉES.

226. Les ponts et chaussées, l'une des branches les plus vitales des travaux publics, sont des instruments matériels de conservation et de développement social. Ils ouvrent ou réparent les voies de communication, et, par ce moyen, relient entre eux le commerce, l'agriculture et l'industrie, et les alimentent.

USINES.

227. L'administration, vigilante protectrice de l'agriculture et de l'industrie, intervient à l'égard des usines et des propriétés riveraines pour régler l'abaissement et l'élévation des eaux.

mari, charta cui nauclerus nomen inscripsit, quot et quales merces portentur indicans exhibenda est. Cum terra, via maxime directa ad stationem confinii intra brevissimum tempus invehendæ sunt.

Res autem quæque, cujusque generis, quibusdam tamen exceptionibus, per omnes sine discrimine stationes portusve libere exportantur.

DE VIARIA ET PONTIUM INSTITUTIONE.

226. Institutio *ponts et chaussées* vulgo dicta publicorum operum vis et nervus ad conservanda propagandaque civium commoda maxime valet, vias qua inter se communicent aperiendo aut reficiendo, et ideo agriculturam, commercium atque industriam alendo, conjungit.

DE FLUVIALIBUS FABRICIS AUT OFFICINIS.

227. Rerum administratio, sedula agriculturæ et industriæ adjutrix et custos, in fabricas et fundos juxta fluviorum ripas, ut aquæ deprimendæ aut tollendæ sint, sese intrudit.

MINES.

228. L'école des mines française a la double mission d'observer et de fouiller le sol de la France sous le rapport scientifique et métallurgique. Elle étudie et exploite à la fois.

DESSÈCHEMENTS DES MARAIS.

229. Ils ont pour but et pour effet l'assainissement des localités, l'exploitation au profit de l'agriculture des terrains nouveaux occupés autrefois par des lacs entiers qui se couvrent de riches pâturages [1], et enfin le développement du commerce et de l'agriculture par suite des opérations financières résultant de cette création.

ATELIERS INSALUBRES, DANGEREUX ET INCOMMODES.

230. L'administration française se montre quelquefois un peu gênante, un peu tracassière ; mais c'est dans l'intérêt même des administrés. C'est ainsi qu'elle force les industriels à se munir d'une autorisation avant de fonder des établissements insalubres ou dangereux, qui, délivrés de ces en-

---

[1] Mer de Harlem.

DE METALLIS.

228. Metallorum institutio gallicum solum in duplicem scientiæ et lucri finem fodit et scrutatur, inventrix eademque metalli venarum operaria.

DE SICCANDIS PALUDIBUS.

229. Ad hunc finem siccantur paludes, ut loca circum salubria fiant, agriculturæ dentur etiam recentes lacus quos ubera pascua vestiant et commercium atque industria per res ideo pecuniose gestas magnopere proficiant.

DE INSALUBRIBUS, PERICULOSIS ET INCOMMODIS OFFICINIS.

230. Gallorum administratio sæpe est molesta, sed beneficii causa; civem enim gnavum et operosum insalubre tamen quoddam industriæ genus exercendi facultatem a politia postulare cogit, quod sin minus pullularet, et ab ipso urbium gremio rejicit, unde ne odor quidem sentitur.

traves, se multiplieraient outre mesure, et les relègue assez loin des villes pour que les habitants n'en respirent pas les exhalaisons [1].

CONSEILS DE PRUD'HOMMES.

231. Le mot est vieux ; mais l'institution, rajeunie depuis peu, présente un moyen efficace de police et de conciliation. Dans les crises révolutionnaires qui agitent l'atelier et arment quelquefois en temps de grève l'ouvrier contre son patron, le conseil des prud'hommes rend d'immenses services : car ce sont les arbitres à qui l'on défère tous les différends et qui ramènent à l'ordre et dans la ruche l'abeille industrieuse et chassent l'inutile et nuisible frelon.

SOCIÉTÉS ANONYMES.

232. Elles sont qualifiées non par la personne des associés, mais par l'objet de l'association. C'est une administration spéciale où tous ont un intérêt solidaire, mais où chacun renonce à son individualité. C'est un contrat social qui met en présence l'intérêt privé des sociétaires et l'intérêt

[1] Londres qui renfermait, il y a quelques années, en son sein ses abattoirs, ses boucheries, ses fabriques de tout genre et ses cimetières annexés aux églises elles-mêmes, expia trop longtemps par d'incessantes épidémies et une mortalité effrayante son laisser-aller administratif. Le Parlement, par de sages mesures, a enfin

DE PRUDENTIUM VIRORUM CONCILIO.

231. Hæc vetus vox sonat, sed est renovata politiæ satelles et conciliatrix institutio. In iis publicarum rerum conversionibus, cum in officina laboris perturbata operarius in patronum suum insurgat, præsto est virorum prudentium concilium. Ad quos enim ut ad justos arbitros omnes deferuntur controversiæ, ita ut quicumque defecerint ad officinam reducantur boni operarii, helluones vero expellantur.

DE ANONYMIS SOCIETATIBUS.

232. Non sociorum persona sed re de qua agitur, designatur societas. Peculiaris est administratio in qua omnes pro se invicem vadimonium incurrunt, quisque autem jam sui non est. Pacto sociali privata res sociorum cum re communi confertur. In æquitate et fide innititur

---

purifié les étables sanglantes d'Augias en abolissant son *Smithfield* et en portant son *marché métropolitain* loin du centre. Il n'y a plus également de *Church-yards*, et les cimetières aérés et spacieux, hors de la ville, n'en font plus mourir les vivants.

général. Les actes de Société de cette espèce doivent avoir pour conditions essentielles l'équité et la bonne foi, une rédaction nette et précise, l'autorisation du gouvernement et la publicité.

COMPAGNIES D'ASSURANCES MUTUELLES.

233. L'administration, par les yeux de son organe intime, le Conseil d'État, surveille les capitaux versés dans les caisses de ces compagnies, et supplée à la garantie individuelle des actionnaires, gage insuffisant, par une garantie sociale dont le commerce et l'industrie ont un impérieux besoin.

SOCIÉTÉS DE SECOURS MUTUELS.

234. Elles sont formées entre ouvriers ou autres individus pour le soulagement de ceux de leurs membres que la maladie, les infirmités ou la vieillesse empêchent de travailler. Elles trouvent dans la personne du souverain un auguste et vigilant protecteur.

ADMINISTRATION CHARITABLE.

235. Elle distingue avec une intelligence et un instinct admirables le pauvre, lâche et paresseux,

optimum societatis pactum cujus præcipuæ leges hæ sunt, si accurate ac lucide scriptum stet politiaque sancitum omnibus innotescat.

DE COLLEGIIS QUÆ EX COMPACTO DAMNA PRÆSTARE TENENTUR.

233. Administratio per concilium imperii suum intimum organum, nummis in harum societatum arca depositis invigilat et uniuscujusque earum consortis fidem, quæ omnium securitati non sufficit, sociali fide, quam commercium et industria maxime postulant, abunde supplet.

DE SOCIETATIBUS SIBI INVICEM OPEM FERENTIBUS.

234. Coeunt sibique invicem opitulantur operarii vel quivis alii, si humanitus acciderint morbus, infirmitas vel senectus. Ex summo imperii apice princeps his æque ac cæteris charitatis fraternæ societatibus fovendis et alendis præest.

DE SUCCURRENTE INOPIBUS ADMINISTRATIONE.

235. Hæc pio quodam instinctu et mira quasi sagacitatis vi, inopem pigrum et ignavum a pau-

du pauvre incapable de travailler. Aussi applique-t-elle à chacun d'eux, c'est-à-dire, au mendiant vagabond et au mendiant infirme, des lois aussi différentes que le malheur est différent du vice.

ASSISTANCE PUBLIQUE.

236. Le ministre de l'intérieur exerce ici la première et la plus sacrée des attributions qui lui sont confiées ; il veille sur la santé et la guérison des habitants de la capitale, ayant pour second dans l'accomplissement de ce pieux devoir le préfet de la Seine ; il préside aux vastes et nombreux établissements de l'assistance publique.

L'administration, à la vue d'un malheureux, ne lui demande ni ne se demande jamais à elle-même s'il est juif, protestant ou catholique. Elle se contente de la simple question :

« A-t-il besoin d'être secouru ? »

ÉTABLISSEMENTS COMMUNAUX DE BIENFAISANCE ET D'ASSISTANCE PUBLIQUE.

237. L'État, éclairé et guidé par l'administration, est le berceau du nouveau-né délaissé par sa mère, l'asile temporaire de l'enfant dont la surveillance nuirait au travail de ses parents, l'a-

pere laboris impotente discernit. Itaque suum cuique tribuit; egeno scilicet vaganti vel infirmo, eas quæ invicem a se tantum discrepant, quantum vitium a miseria, utrique leges assignat.

DE ADMINISTRATIONE PUBLICE OPEM FERENTE.

236. Hic, maxime pium inter cætera munus officiumque domesticarum rerum curator exsequitur; quippe plurimis publicæ charitatis institutis præpositus, ægris medetur civibus, quos ejus sedulus vicarius et satelles jam quotidiano pane alit, atque omnibus, qua publica beneficentia patet, institutis præest.

Administratio, si in miserum hominem incidit, nec ab isto nec a se unquam interrogat an judæus catholicæne sit fidei, utrum autem dissideat. Hoc unum rogat :

« An ei succurrendum est? »

DE JURIDICTIONUM INSTITUTIONIBUS PUBLICE MISERIS BENEFACIENTIBUS.

237. Politia quam monet ac ducit administratio, infantis parentibus suis nascendo destituti, cunabulum, surgentis qui suis onus incumberet, ad tempus asylum, adolescentis inopis sed operosi officina,

telier de l'adolescent dénué de ressources, le refuge de l'infirme et du vieillard, le tuteur de l'interdit rejeté par sa famille et de l'aliéné qui ne connaît plus la sienne.

Les anciens, toujours en état de guerre, détruisaient la créature mal constituée qui leur paraissait impropre à faire un bon soldat ; et quelques tribus sauvages, encore aujourd'hui, préviennent la mort en disposant de la vie de leurs pères âgés, ou des malades dont elles ne prévoient pas la guérison.

La civilisation des peuples modernes accepte et subit, au nom de la religion, les plaies de l'humanité, court elle-même au devant de toutes les misères, et, comme une mère attentive, recueille sous l'aile de l'administration tout ce qui naît, végète, languit et souffre; elle en prolonge l'existence en la soulageant.

HÔPITAUX. — HOSPICES.

238. Les premiers reçoivent pour un temps les malades indigents ; les seconds, les infirmes et les vieillards. Au-dessous de 30,000 fr., leurs revenus sont régis par une commission administrative ; au-dessus de cette somme, ils sont soumis aux règles de la comptabilité publique.

invalidi et senis perfugium, imbecilli quoque a familia repulsi et insani qui suam ignorat, tutrix est ac custos.

Apud populos veteres pugnacissimos quidem infans male natus et conformatus, qui imbecillis serius miles evaderet, necabatur ; et apud feras hujus etiam temporis tribus, mors ipsa præcipitur, parentibus ætate provectis, vel ægris quos non sanari posse prævidetur, trucidatis.

Novæ autem gentes moribus emollitæ, imperante religione et suadente charitate, dolenti cuique auxiliantur et ultro ferunt opem ac solatium, et materno amore sub hospitio administrationis excipiunt, quidquid nascitur, dolet ac languescit, et fovendo vivax longius producunt.

DE HOSPITIIS.

238. Ægrotantem et inopem aliquantisper hominem excipiunt alia ; alia autem infirmum et senem. Annuus reditus triginta millibus nummorum inferior certo administrationis conventu ; superior, publica computatione, regitur.

BUREAU DE BIENFAISANCE.

239. Le bureau de bienfaisance constitue une administration régulière, présidée par le maire et cinq membres. Il a le caractère d'établissement public ou de personne civile ; il acquiert et possède, reçoit des legs et donations, administre, a son budget et sa comptabilité. C'est avec cette organisation, complétée par l'adjonction d'un nombre illimité de commissaires et de dames de charité, qu'il envoie, qu'il distribue, qu'il dirige et provoque les secours et l'assistance dont il est la source, le réservoir et à la fois le canal.

CAISSES D'ÉPARGNE.

240. Les caisses d'épargne offrent à la classe ouvrière des ressources assurées contre la misère et les infirmités de l'âge ; elles soulagent dans une proportion considérable les établissements de bienfaisance publique. Tel artisan qui autrefois, après avoir dissipé dans la débauche les fruits de son travail, serait allé finir ses jours à l'hôpital, se ménage aujourd'hui un foyer pour s'y reposer au milieu de sa famille et y mourir.

DE CONSESSU CURATORUM AD BENEFACIENDUM DELEGATO.

239. Hic benefaciendi conventus res inopum ad normam gerit, cui urbanus prætor cum quinque aliis præest.

Publicæ institutionis aut civilis personæ partes agit, acquirit scilicet et possidet, legata et donationes accipit, rem administrat, et impensi atque accepti rationem tenet. Sic institutus innumerisque auxiliaribus auctus legatis et femineis ministris adjutus, opes et subsidia quæ ipse creavit postulata, recepta et servata mittit ac per rectos canales distribuit.

DE PECUNIA IN PAUPERES PARCE REPOSITA.

240. Pecunia in pauperes parce reposita, dum operarios ab inopia ætateque infirma protegit, politiam quoque exonerat ex tot egenorum onere, qui, laboris peculo destituti vitam in intemperantia consumptam in hospitio misere finiebant. Nunc probus operarius peculum suum parce deponendo deinceps annui reditus fit quietus possessor ita ut domi placide vivat et moriatur.

CAISSE DE RETRAITE POUR LA VIEILLESSE.

241. Cette institution créée, sous la garantie de l'État, a été à la fois un bienfait et une grande opération financière. La mesure de la conversion et de la réduction des rentes en 1852, sans que les fonds versés dans cette caisse subissent eux-mêmes de réduction, n'a pas peu contribué à l'enrichir.

MONTS-DE-PIÉTÉ.

242. Les monts-de-piété, institués pour combattre l'usure exorbitante des juifs qui rançonnaient la classe ouvrière au taux de 70, 80 et 100 pour 100, sont devenus eux-mêmes une institution presque usuraire à l'égard de cette même classe nécessiteuse qu'ils sacrifient aux hôpitaux, dans la caisse desquels se versent leurs bénéfices et leurs revenus. Ainsi l'ouvrier malade est soigné sur les fonds qu'il a lui-même contribué à fournir par les intérêts des emprunts contractés par lui.

Le faux riche ou le riche ruiné trouve dans les

DE PECUNIA IN SENES RESERVATA.

241. Hoc pecuniæ depositum et satisdatum in senes instituendo civitas pariter iis benefecit remque sibi pecuniose gessit. Annua pecunia conversa contractaque, et in hunc finem pie reservata, fundus senilis non ipse contractus, ampliatus autem magnopere crevit.

DE PIETATIS MONTIBUS.

242. Pietatis montes ad illud instituti ut usuram Judæorum voracem operariis in prædam inhiantium compensarent, erga eumdem rursum facti sunt fœneratores operarium quo hospitia potiora sunt, ubi omne ejus peculum, lucrum reditusque omnis recondita acervantur. Itaque æger et invalidus operarius, de suo ipsius peculo et fundo cui nonnihil mutuando contulit, in hospitium excipitur.

Ex divite pauper illic fœnebria subsidia in

monts-de-piété des ressources usuraires, mais promptes, pour étaler son luxe et cacher sa misère[1].

ASSISTANCE JUDICIAIRE.

243. L'admission à cette assistance est ouverte et acquise à celui qui déclare et atteste légalement que son indigence le met hors d'état de poursuivre ses droits en justice.

ATELIERS DE CHARITÉ.

244. L'objet des ateliers de charité est de suppléer pour un temps à l'industrie particulière, quand elle ne suffit plus à nourrir la masse des travailleurs.

DÉPÔTS DE MENDICITÉ.

245. Cette branche de l'assistance publique n'est plus qu'un débris de son institution primitive. Six dépôts seulement ont survécu aux quatre-vingt-six organisés dans les quatre-vingt-six départements.

---

[1] Des familles, ayant besoin d'argent pour se montrer dans un cercle, engagent leur argenterie dont le prix leur procure des dia-

promptu habet, quibus luxum ostentet et latenti inopiæ pannum assuat.

DE JUDICIALI OPE.

243. Ad quam jure confugit et admittitur quicumque profitetur certoque testimonio confirmat, jus suum persequendo se inopia esse imparem.

DE LABORIS OFFICINA PRIVATI CESSANTIS VICARIA.

244. In hunc finem instituta est ut impiger laboret, et si labor vacet, pro tempore recreetur, cum summam privati laboris summa operariorum excedat.

DE EGENORUM RECEPTACULO.

245. Quæ quidem publicæ charitatis pars ex pristina institutione vix extat, ut sex tantum sex prioribus et octoginta in 86 provinciis creatis supersunt.

---

mants qui, à leur tour, pour un dîner somptueux, servent à dégager l'argenterie.

PROPRIÉTÉS FONCIÈRES ET IMMOBILIÈRES DES ÉTABLISSEMENTS PUBLICS, HOSPICES ET BUREAUX DE BIENFAISANCE.

246. Il est d'une bonne administration, dans un siècle de progrès, de prévoyance et de spéculation comme le nôtre, de modifier dans leur intérêt l'institution financière des hospices et autres établissements de bienfaisance.

Ces établissements, en effet, ont, dans certaines circonstances, la faculté donnée par l'État, leur tuteur politique, de convertir en rentes leurs propriétés immobilières et de placer à intérêts, telles ressources qu'une administration peu habile pourrait ne pas faire valoir. Ainsi un hospice, ayant dans ses propriétés des parcelles de terrains d'une exploitation difficile ou dispendieuse, qui ne rendent pas un revenu proportionné au prix du capital auquel on pourrait s'en défaire, agit avec prévoyance et sagesse s'il convertit en rentes une valeur immobilière qui ne lui donne pas un revenu suffisant. Le principe qui doit présider à cette opération est la conservation des biens, s'ils sont d'un bon rapport; leur vente, s'ils ne rendent pas assez; en tout état de choses, le respect pour la volonté du testateur.

DE CUJUSQUE PUBLICE AD BENEFACIENDUM INSTITUTI FUNDIS.

246. Rei publicæ bene administrandæ hoc est principium ut, eo tempore quo ubique gentium quisque frugi parcius providet et avide mercatur, hospitiorum quoque pecuniosa ratio, prout eorum commodum postulat, mutetur. Plerumque his pie institutis munere politiæ, qua tutrice utuntur, licet fundum in annuum reditum vertere, suamque rem augere, quæ imperite gesta male dilaberetur. Itaque siqua parcella ad hospitii fundum accedit, quæ non sine difficultate aut sumptu geri possit, et unde annua pecunia venali hujus fundi pretio impar redeat, providenter et caute agunt curatores si ipsius fundum ex quo non satis redit in annuam pecuniam vertunt. Quæ mutatio ad hoc magnopere valet, ut fundus, si reditus satis abundat, servetur ; si non satis suppetit, veneat, et quidquid sit, voluntati testatoris reverenter obediatur.

PRISONS [1].

247. Le châtiment, de nos jours, n'est plus infligé dans l'intérêt seul de la société ; il profite à ceux qui le subissent. C'est pourquoi la prison n'est plus une sorte de case infecte où les condamnés étaient ravalés au rang de la brute ; c'est un atelier où ils se retrempent par le travail et s'amassent un pécule qui leur permet de reprendre une place honorable dans la société [2].

COLONIE AGRICOLE ET PRISON DES JEUNES DÉTENUS.

248. La colonie agricole a de meilleurs effets sur la morale des jeunes détenus que la maison centrale. Dans celle-ci, l'ennui de l'isolement cel-

---

[1] Le nom de *maisons de travail* exprimerait mieux le caractère actuel des prisons; les Anglais l'ont adopté (Work-house).

[2] Les prisons du département de la Seine, dont j'ai visité les principales, se distinguent les unes des autres par une destination et des règlements spéciaux.

La *Conciergerie* reçoit les prisonniers qui vont comparaître devant la Cour d'assises. C'est le rendez-vous de tous les crimes présumés ou réels, de tous les vices, de toutes les misères sociales.

La *Roquette* sert pour quelque temps de prison aux condamnés à la peine de mort, aux galères, ou seulement à la réclusion.

DE CARCERIBUS VEL ERGASTULIS.

247. In nostra ætate pœna non societati solum, sed et damnato ipsi prodest. Carcer igitur, non jam pestilens sordet barathrum quo homo conjectus in brutum animal mutabatur ; sed factus est officina laboris, ubi laborando reus recreatur, donec peculum in ergastulo collectum liberatus accipiat suum, seque rursus in hominum societatem vindicet.

DE RURALI ERGASTULO ET COLONIA DE JUNIORUM CARCERE.

248. Majorem vim melioresque effectus habet in juniores damnatos quam urbanus carcer, ubi clausi in solitudine obdurescunt et nequitiam cal-

---

Mazas est un modèle d'architecture pénitentiaire.

Saint-Lazare est un grand cloître pénitentiaire divisé en trois sections : celle des prévenues, celle des filles publiques, celle des condamnés. Là se montre la corruption à tous les âges ; l'enfance prête à se corrompre, la jeunesse déjà corrompue, et la vieillesse corruptrice.

Les *Madelonnettes* sont moins une maison de détention qu'un vaste atelier où le travail entre les mains d'une administration toute paternelle est devenu un moyen puissant d'amendement et de moralisation.

lulaire les endurcit et achève de les pervertir. Dans l'autre, l'exercice en plein air des travaux agricoles les améliore sans peine [1].

ALIÉNÉS.

249. C'est à l'égard de ces malheureux déshérités de la nature et de leur famille que l'autorité administrative est le plus paternelle. Elle dirige et surveille leurs établissements, reçoit les placements volontaires en leur faveur, et même en ordonne de nouveau à leur intention, fait traiter et entretenir les indigents aux frais du département et les riches sur leur patrimoine même. Elle se fait la tutrice et la mère de l'idiot et de l'insensé qui n'en a plus, ou qui, dans son égarement, repousse la sienne.

LES FONCTIONNAIRES SALARIÉS PAR L'ETAT.

250. L'administration constitue dans son ensemble une immense et savante organisation dont

---

[1] Le jeune colon veut souvent rester dans la colonie après qu'il a fini son temps; le jeune détenu, sorti des maisons centrales, retombe presque toujours en récidive, et devient une recrue de la *Roquette*, dont la prison n'en est séparée que par un échafaud.
L'auteur de cet opuscule, par un pur intérêt d'humanité, a visité, ainsi que les prisons, les maisons d'aliénés, où il a puisé

lescunt, dum illic sub dio ruralique labore exerciti moribus proficiant et emendentur.

DE INSANIS.

249. In hos potissimum, quos natura et familia destituerunt, maxime pia est administratio ; quippe eorum ædes regit et custodit, quidquid auxiliis offertur accipit et augendum curat ; imo si opus est, imperat. Ex quibus inopes provinciæ sumptu, divites autem ex ipsorum patrimonio alit. Insani et imbecilli hominis, matre orbati vel suam a se repellentis ipsa mater adest eademque tutrix.

DE PUBLICÆ REI STIPENDIARIIS.

250. Quantum universa pateat solers atque intelligens administratio, totius quasi corporis mo-

---

les réflexions qu'il a consignées ici sur ces deux objets, non comme visiteur officiel, mais en simple observateur. En ce point, ainsi qu'en bien d'autres, il a remarqué que les deux nations rivales, la France et l'Angleterre, et presque tous les pays de l'Europe, ont amélioré à l'envi leurs maisons de détention et d'aliénés.

chaque membre qu'elle nourrit et entretient, a son rôle et son utilité, où nul, par conséquent, ne doit être méconnu ou sacrifié.

251. C'est une vaste chaîne dont le premier anneau est le souverain, le dernier, l'humble garde champêtre de village, et dans laquelle tous deux, quoique séparés par un long intervalle, chacun dans sa sphère, l'un dirigeant, l'autre dirigé, accomplissent également avec une régularité constante et invariable, leur révolution périodique pour le maintien de l'ordre et l'équilibre du corps entier.

252. Mais, à quelque degré de l'échelle administrative que le sort les ait placés, tous les agents de l'autorité, ayant les mêmes devoirs, ont les mêmes droits respectifs; tous peuvent demander à la société qu'elle les rémunère suffisamment et respecte leur dignité d'homme, en assurant au serviteur de l'État un moyen de subsistance qui l'empêche au moins de s'avilir dans sa pauvreté avec le poste qu'il occupe.

253. Outre ce premier salaire, nécessaire pour la vie, et le juste prix de ses peines, il a droit aussi, surtout de nos jours, par son éducation et ses talents, de prétendre à un autre salaire, le plus flat-

lem sensu, mente ac ratione prædilam, omniaque sicut membra et partes suas nutricatur et continet, quæ singula suum sustinent munus et viritim operantur, quorum igitur nullum ignorari debet aut repudiari.

251. Hæc tanquam vasta cohærens atque arcte connexa catena continuatur, a summo principe ad extremum agrorum custodem pertinens, in qua uterque, longo tamen divisus intervallo ratis ordinibus, in suo quisque genere alter moderator, moderatus alter, *constantissime conficit vicissitudines anniversarias, cum summa conservatione omnium rerum.*

252. Sed in qualicumque gradu munere suo fungi cuilibet temere et casu contigerit, sua unicuique sunt officia, sua idcirco jura, jusque præ cæteris et fas, hoc potissimum a suis postulare, ut ea, quæ viros deceat, remuneratio ipsis satis abunde suppetat, qua saltem prohibeantur quominus se inopes munusque suum dedecorent.

253. Insuper hoc laboris præmio eodemque vitæ subsidio, stipendiarius ille, nostra præsertim ætate, educatione doctrinaque liberaliter institutus, præmium aliud sane honorificentissimum et cuique

teur sans doute, qui doit être pour tous l'objet d'une noble émulation, et que l'homme, doué d'une capacité réelle et d'ailleurs animé de sentiments d'honneur invariables, est presque toujours sûr d'obtenir : nous voulons dire l'estime et les égards de ses supérieurs, la considération de ses concitoyens, quelque valeur enfin, quelque mérite aux yeux de ses semblables.

ÉCOLE D'ADMINISTRATION.

254. Il n'est pas sans intérêt pour le Gouvernement de fonder une école d'administration ou plutôt de rétablir celle qui existait et qui ne fut qu'éphémère [1].

255. Cette école serait une sorte de gymnase préparatoire aux fonctions de préfet, de sous-préfet, de maire, aux autres charges administratives, à l'auditorat lui-même et aux degrés hiérarchiques du Conseil d'État, enfin un prélude à tous les services publics et une véritable initiation aux diverses branches de l'administration française dans ses détails et dans son organisation la plus complexe.

---

[1] L'École d'administration, instituée en vertu d'un décret du Gouvernement provisoire du 8 mars 1848, devant être établie sur des bases analogues à celles de l'École polytechnique, et destinée

magnopere desiderandum, haud immerito quæret, quod quidem, si probe ac scite artem suam exerceat, certo assequetur, bonam scilicet superiorum existimationem ac suorum observantiam qua homines alii alios sese invicem colunt et studiose prosequuntur.

DE CONDENDA ADMINISTRATIONIS SCHOLA.

254. Operæ pretium est, si administrationi scholam sui ipsius propriam peculiariumque disciplinarum seminarium condere, vel potius, vix nata et extincta, reficere placeat.

255. Hinc tanquam ex gymnasio et palæstra juvenes ad officia quæque tum præfecti, tum præfecti vicaria tum prætoris urbani, sive provincialis, accincti, conciliique ipsius imperii munerum, qua pateat, exirent imbuti rudimentis, nec ad ullum uspiam officiorum, quæ administrandarum rerum universitas comprehendit, postea nisi parati et meditati accederent.

---

au recrutement des diverses branches d'administration, dépourvues d'écoles préparatoires, fut supprimée en 1849.

256. Qui peut nier l'utilité de cette institution? L'administration militante, en la demandant, combattrait pour ses propres foyers.

257. Il est incontestable, en effet, qu'une école de cette nature doit nécessairement être profitable à ceux qui viendraient y entendre des maîtres habiles, interprètes des lois, et prêts à répondre à toutes les questions qui leur seraient adressées.

258. Dans cette école, on traiterait et l'on discuterait à fond l'universalité des questions journalières effleurées ou omises dans cet opuscule.

Ainsi les préceptes d'administration, gravés dans la mémoire et mûrement médités, seraient appliqués plus tard par l'élève intelligent, devenu lui-même administrateur expérimenté dans l'exercice de fonctions vraiment pratiques.

259. Puisse ce vœu se réaliser! Puisse cette semence jetée sur le sol administratif faire produire à une école excellente des fruits qui soient pour tous une source d'avantages et de biens inappréciables!

260. Elle serait féconde en résultats utiles à cette époque surtout où l'Administration joue un

256. Quispiam istuc negat? Quam si militans scholam desideret administratio, *pro aris et focis* dimicabit.

257. Etenim inter nos convenit hujus modi scholam audientibus luculentos magistros, legum interpretes et *populo responsitare solitos*[1], sectatoribus plurimum prodesse.

258. Hac enim erudita magistra docente, quotidianæ et universales cognoscentur quæstiones in hoc libello duntaxat delibatæ vel prætermissæ, et diligenter tractabuntur, quas memoriter sed penitus inculcatas et apprime speculatas, quispiam postea factus ex rudi tirone dux sciens et consummatus, cum adoleverit, atque usu callens ad munera ipsa se accinxerit, usurpabit et ad summum perficiet.

259. Quæ utinam ita sint, utinam sane ex tam excellenti educatrice, tanquam ex feraci stirpe diligenti cultu seminata uberrimi lætissimique fructus nascantur et tandem ad summam omnium commoditatem ac prosperitatem efflorescant et redundent.

260. Quos illa profecto munifice et large dabit, in hac præsertim ætate nostra tantorum quibus

[1] Cicero de legibus. Lib. I.

rôle si considérable, s'associe et préside, pour ainsi dire, aux découvertes du génie humain, qui, en ces jours extraordinaires, a inventé l'art de faire son portrait dans un rayon de soleil et de transmettre sa pensée sur les ailes de l'électricité aussi rapide que l'éclair.

gallica administratio consociata accedit et quasi præest, operum tam artificiosa inventrice, ut humanum ingenium fere spirantes ac vivos ex solari radio vultus effingere calleat et motum illum celerem cogitationis et acumen, ut ita dicam, fulminare videatur.

APPENDICE

POLICE MORALE. — DESSINS, GRAVURES.

On m'a dit qu'il existait à Thèbes une loi qui ordonnait aux artistes, soit peintres, soit graveurs, de donner aux figures qu'ils représentaient toute la décence possible. Ceux qui avaient reproduit des images indécentes, devaient payer une amende d'une valeur égale à celle de leur ouvrage.

RÉGIME FORESTIER.

Le régime forestier est sur le point d'entrer dans une voie nouvelle de traitement des forêts et à la fois dans une phase de science.

L'administration forestière va, aidée et guidée par la marine devenue son auxiliaire, chercher dans les bois de l'État les arbres les plus propres à la construction des vaisseaux, et qui à cet effet subiront le martelage.

1° Que l'administration ne songe point à créer des fermes de luxe dans les mains de quelques capitalistes et gérées par des travailleurs mercenaires, dont la condition ne serait pas beaucoup meilleure que dans la mère-patrie.

Qu'elle facilite, au contraire, par tous les moyens l'émigration et protége l'installation des personnes de la moyenne classe, qui déjà dans le pays, à force d'industrie et de prudence accompagnées d'un certain degré d'énergie, de prévoyance et de connaissances pratiques, peuvent vivre avec économie et réaliser de petites épargnes. Ces personnes, naturellement, auront intérêt à émigrer dans une nouvelle contrée où le travail sera moins pénible et plus fructueux.

2° Il est du devoir d'un gouvernement paternel de chercher, non pas à se défaire d'une classe pauvre et ignorante, qui, par là même, forme une base vicieuse pour une colonie naissante, et qui par le nombre serait prépondérante et nuisible, mais à peupler ce jeune pays de sujets intelligents et animés de sentiments d'honneur encore plus nécessaires au loin que dans le pays natal.

3° Cette opération accomplie, la mère-patrie se trouve déchargée du trop-plein de la population, et la partie la moins saine de celle qui y est laissée ne tarde pas à s'élever au niveau des classes supérieures, assez du moins pour s'améliorer dans sa nature ainsi que dans sa condition matérielle et sociale.

On peut encore transporter à la colonisation les magnifiques pensées de Cicéron parlant de l'homme jouissant de la nature en maître et en bienfaiteur :

« Terrenorum commodorum omnis est in homine dominatus. Nos campis, nos montibus fruimur ; nostri sunt amnes, nostri lacus ; nos fruges serimus, nos arbores ; nos aquarum inductionibus terris fœcunditatem damus, nos flumina arcemus, dirigimus, avertimus ; nostris denique manibus in rerum natura, quasi alteram naturam efficere conamur. »

Cicéron, *de Natura Deorum*, liv. II.

« L'homme possède en maître souverain tous les avantages du sol. A lui les plaines, à lui les montagnes, à lui les fleuves et les lacs, c'est lui qui récolte après avoir ensemencé ; c'est lui qui plante, et par les irrigations, fertilise le désert, c'est lui qui éloigne, dirige et détourne les fleuves ; c'est enfin dans ses mains et par ses efforts que la nature se transforme, pour ainsi dire, en une autre nature. »

DROIT INTERNATIONAL

En 1800 le conseil d'État était diplomate, quand un secrétaire d'État lui donnait lecture de dépêches diplomatiques annonçant la défaite de 15,000 Anglais par les troupes espagnoles.

En 1849 les conclusions du conseil d'État érigé en haute cour étaient un blâme et une censure des actes d'un fonctionnaire public dans sa mission à Rome.

DETTE NATIONALE.

Vers le milieu du XVIIe siècle, lorsque le principe du crédit public prit de la consistance et devint en vigueur dans les districts mercantiles de l'Italie, de la Hollande et de l'Angleterre, les gouvernements de l'Europe abandonnèrent peu à peu leur vieille coutume d'extorquer aux peuples de l'argent à titre de grâces, de dons ou de secours, et commencèrent dans des crises pécuniaires à opérer des emprunts pour lesquels ils s'engagèrent à payer un intérêt annuel à un taux déterminé, jusqu'à parfait remboursement, ou, suivant le langage financier, jusqu'au rachat de la dette. Depuis cette époque les gouvernements de l'Europe ont contracté des dettes plus ou moins considérables.

CONCLUSION.

Assurément nous n'avons pas la prétention d'avoir embrassé dans toute son étendue et dans ses moindres détails la science administrative. Notre but, nous l'avons dit au commencement de ce livre, était beaucoup plus modeste. Il nous suffira donc d'avoir, par ces quelques pages rédigées en forme d'aphorismes, donné une idée générale de l'esprit qui dirige l'administration française.

Ce qui la distingue, suivant nous, de l'administration des autres pays, c'est, malgré d'inévitables imperfections, son extrême bon sens, sa haute impartialité et sa tendance à se rapprocher, dans les décisions des affaires contentieuses, de la fixité du droit civil, sans vouloir néanmoins astreindre aux mêmes règles la justice ordinaire et la justice administrative. Une telle assimilation est, en effet, impossible. Le droit civil constitue une science soumise à des principes invariables et d'une évidence en quelque sorte mathématique. Quand le juge civil a dégagé la question de droit des faits qui l'enveloppent, quand il a posé le doigt sur l'article du Code applicable au cas dont il s'agit, il n'a plus qu'à remplir un rôle tout passif ; aucune considération ne doit le détourner de l'application littérale et rigoureuse de la loi.

Il en est autrement du juge administratif : l'administration est un art et une science, suivant la pensée d'Aristote, qui nous fournit l'épigraphe de cet opuscule :

La science politique est la première et la base des autres sciences,

et un bon administrateur a plus encore besoin de tact que de savoir. De même qu'un médecin habile doit appliquer un traitement différent à des maladies qui portent le même nom, suivant l'âge, le tempérament et les habitudes antérieures du malade, un administrateur capable ne donne pas toujours la même solution à des affaires qui paraissent être les mêmes, mais que séparent des nuances délicates et souvent difficiles à saisir.

Au surplus, ce tact supérieur, cette flexible perspicacité que nous demandons à l'administrateur vraiment digne de ce nom se trouvent généralement, sauf quelques rares exceptions, dans les hauts rangs de l'administration.

Le reproche d'être routinière fait à l'administration française est sans doute fondé ; mais on critique peut-être avec trop de rigueur la complication de ses rouages et sa marche embarrassée et trop lente ; on ne réfléchit pas assez que les progrès toujours croissants du commerce et de l'industrie créent de nouveaux besoins et nécessitent, en mille nouvelles circonstances, l'intervention du gouvernement. L'ancienne administration, avec beaucoup moins d'affaires, était encore moins simple que l'administration actuelle, comme l'a très-bien fait voir M. de Tocqueville dans son bel ouvrage sur le régime administratif avant 1789[1]. D'ailleurs, n'est-il pas absolument nécessaire que plus une société est parfaite, plus les rouages qui la font mouvoir soient nombreux, de même que nous voyons le corps humain, le premier des corps organiques, être en même temps celui dont les organes sont les plus variés ? Il suffit qu'une force centrale domine et dirige les diverses parties du tout et les ramène sans effort à l'unité de vie et d'action. En un mot, si, comme l'a dit très-excellemment Leibnitz, l'*unité dans la variété* est la règle du beau, on peut dire avec non moins de raison que la règle de l'ordre social est aussi l'*unité dans la variété*.

---

[1] L'ancien Régime et la Révolution.

Quoi qu'il en soit, il importe surtout que l'administration en France se conforme au caractère national. Nous voulons être gouvernés sans nous apercevoir que nous le sommes. Le souffle de l'administration doit être présent partout, mais, comme l'air que nous respirons sans le voir, il faut qu'il anime et entretienne la vie sociale en demeurant invisible à nos yeux.

ERRATA

Page 3. — Aphorisme 5. Au lieu de *patronum et cives quasi clientes*, lisez *pro patrono et cives pro clientibus*.

Page 23. — Aphorisme 37. Au lieu de *quarumque*, lisez *quæcumque*.

Id. id. Au lieu de *aque*, lisez *æque*.

Page 26. — Aphorisme 47. Titre : DROIT ADMINISTRATIF ET DROIT COMMUN.

Page 27. — Aphorisme 47. Titre latin : DE REI ADMINISTRANDÆ ET COMMUNI JURIBUS.

Page 39. — Aphorisme 63. Au lieu de *conjunctum*, lisez *conjuncta*.

Page 52. — Aphorisme 82. Au lieu de *val*, lisez *vel*.

Page 71. — Aphorisme 99. Au lieu de *curatoris ac provincialisque*, lisez *curatoris provincialisque*.

Page 115. — Aphorisme 172. Au lieu de *dessiccabit*, lisez *desiccabit*.

Paris. — RENOU et MAULDE, rue de Rivoli, 144.

A LA MÊME LIBRAIRIE :

PARIS. — IMP. RENOU ET MAULDE, 144, RUE DE RIVOLI.

www.ingramcontent.com/pod-product-compliance
Ingram Content Group UK Ltd.
Pitfield, Milton Keynes, MK11 3LW, UK
UKHW012210240726
13966UKWH00002B/688

9 782011 930866